JN411653

NVIVO 2를 활용한 영작 자동 평가기 개발 및 현장 적용성 탐구

Nvivo 2를 활용한 영작 자동 평가기 개발 및

현장 적용성 탐구

박종원 지음

한국문화사

Nvivo 2를 활용한 영작 자동 평가기 개발 및 현장 적용성 탐구

2006년 5월 1일 초판 1쇄 인쇄
2006년 5월 8일 초판 1쇄 발행

지은이 박 종 원
발행인 김 진 수
편집인 진 정 미

펴낸곳 한국문화사
133-823 서울시 성동구 성수1가 2동 656-1683 두앤캔하우스 502호
전화 02)464-7708(대표) 3409-4488(편집부) 468-4592~4(영업부)
팩스 02)499-0846
등록번호 제2-1276호(1991.11.9. 등록)
e-mail / hkm77@korea.com
homepage / www.hankookmunhwasa.co.kr

가 격 15,000원

ISBN 89-5726-400-0 93740

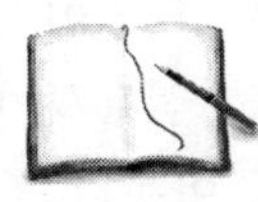

무엇을, 왜, 그리고 어떻게의 문제

요즈음 과학 기술 특히 정보 영역의 급속한 발전으로 인하여 엄청나게 많은 정보가 하루에도 수업이 일반 대중에게 전달되고 있다. 그 정보의 홍수 속에는 상당한 분량을 차지하는 것이 영어 학습에 관한 것이라고 해도 지나친 말은 아닐 것이다. 많은 사람들이 각자의 경험과 통찰력을 바탕으로 성공한 사례를 열거하고 또 그러한 것들이 제대로 검증이 되지 않은 상태에서, 이렇게 해보는 것이 어떻겠냐는 제안을 지나쳐 만병통치처럼 여겨지고 있는 실정이다. 문제는 효과라고 할 수 있겠는데 영어실력 자체를 늘리는 것보다는 그저 불안한 마음을 달래주는 심리적 위안을 벗어나지 못하는 정보들이 너무 많아 안타까울 때가 많다.

문제의 핵심은 학습자들에게 있다. 어학은 자신과의 싸움의 대표적인 경우라고 할 수 있고 그 누구와의 비교도 무가치하다는 것이다. 영어회화를 수강하는데 여러분보다 더 유창하게 영어를 잘하는 동료가 있는 수업에서 당신은 어떤 반응을 보였던가? 비록 내가 영어를 잘 말하지는 못하지만, 그럴수록 기죽지 말고 열심히 되던 안되던 손짓 발짓 해가면서 영어를 한마디라도 더 하려고 하고 있는가? 만약 그렇게 하고 있다면 당신에게 영어 공부의 끝은 멀지 않았다고 저자는 확신한다. 그러나, 불행하게도 저자는 그런 사람을 주위에서 많이 보지 못했다.

우리는 지금까지 영어 공부를 어떻게 해야 할 것인가에 대해 쓴 책을 수없이 구입했고(비록 다 읽지는 않았지만), 또 수많은 선생님이나 동료들에게서 그 방법을 들었다. 좋은 교재가 없어서라거나 또는 방법을 몰라서 영어 공부를 제대로 하지 못했다고 하면 아무도 믿어줄 사람이 없을 것이다. 문제는 어떻게 라는 방법론이라기

보다는 영어 공부를 왜 해야 하는지, 또 한다면 무엇을 할 것인지를 정하는 것이 일의 순서라 볼 수 있다. 자신을 충분히 설득시키고 그 일을 하는 것에 대한 동기를 부여받지 못한다면, 아무리 좋은 방법도 별 의미가 없기 때문이다. 미국 속담에 말을 물 있는 곳까지 데려 갈 수는 있지만 물을 억지로 먹일 수는 없다는 말이 있다. 어학 공부의 성공의 열쇠는 결국 여러분이 쥐고 있는 것이다.

◘ 영작을 잘하고 싶나요?

1. 자신의 글을 항상 읽고 토의함으로서 자신의 글의 장단점을 객관적으로 평가 해 줄 수 있는 동료를 구하라. 자신과 비교할 때 언어능력이 유사하거나 더 뛰어난 사람을 구할 필요는 없다. 영작에서 문법도 중요하지만 의사통이 주목적이라면 전달하려는 내용 자체에 대해 독자가 어떻게 받아들이는지를 독자 입장에서 조언을 해주는 역할을 하는 사람이 더 필요하다. 전달이 잘 되지 않는 이유, 특히 자신의 글을 쓰는 습관을 누구보다 잘 알고 있고 원활한 의사소통을 위해 적절한 조언을 해 줄 수 있는 그런 동료가 필요하다고 하겠다.
2. 영작이 잘되지 않는 이유를 많은 학생들이 영작을 하고 또 제대로 된 교정을 받을 기회가 많이 없는 것에 그 이유를 두고 있다. 즉, 영작이 생활화되어 있지 못하고 단지 학교 정규 수업의 한 과목으로 교실에서 시작해서 교실에서 끝나는 영어라는 것이다. 한 가지 대안은 인터넷을 통해 외국인과 펜팔을 하는 것인데, 영작에 대한 공포심도 줄면서 동기부여가 되고 또 외국인 친구를 사귈 수 있는 효과를 보았다는 것이 많은 학생들의 경험담이다. 영어 회화와 마찬가지로 글쓰기는 언어의 지식보다는 사용의 영역에 들어가며 많이 사용해야 실력이 는다는 것은 상식일 것이다. 그러나 얼마나 많이 사용하느냐는 교실에

서 수업만 의지하기엔 너무 제약이 크다. 아래의 웹주소는 외국 학생들과 펜팔을 주선하는 사이트를 소개한 것이다.

E-mail 작성 지도

1. E-mail 작성법:
   http://enterprise.powerup.com.au/htmlxp/pu/emailhow.htm
2. 초보자를 위한 E-mail 안내:
   http://www.webfoot.com/advice/email.top.html
3. E-mail project homepage:
   http://.otan.dni.us/webfarm/emailproject/email.html
4. E-mail writing help page:
   http://www.hut.fi/~rvilmi/LangHelp/Writing/online.html
5. HUT Internet writing project: http://www.hut.fi/~rvilmi/Project/

키팔 연결/소개

1. The electronic key-pal connection:
   http://www.comenius.com/keypal/index.html
2. ESL cafe for students:
   http://www.pacificnet.net/~sperling/student.html
3. ESL cafe for teachers:
   http://www.pacificnet.net/~sperling/guestbook.html
4. Global educational resources:
   http://www.educ.uvic.ca/faculty/triecken/global4.html
5. Intercultural E-mail classroom connection: http://www.iecc.org/
6. Pallies: http://members.tripod.com/~pallies/
7. Summer songs for you!: http://www.din.or.jp/~ktomi/
8. United Penpal: http://.geocities.com/Paris/9515/
9. ePALS: http://www.epals.com/

Discussion board

1. ESL discussion center: http://www.eslcafe.com/discussion/
2. International house Barcelona:
   http://www.ihes.com/Sresource/boards.html
3. Den: International meeting places:
   http://www.go-ed.com/entry-board.htm
4. Deja News: http://www.dejanews.com/
5. Tile: http://www.tile.net

Chat room

1. Chat seek: http://chatseek.com/
2. ETA live chat: http//www.exam-ta.ac.uk/chat.htm
3. ESL chat central: http://eslcafe.com/chat/chatpro.cgi
4. English town chat pool: http://www.englishtown.com
5. Global chat: http://www.globalstudy.com/xchange/
6. Omnichat: http://www.4-lane.com/

3. 영어교육 학자들의 연구 결과에 따르자면 작문과 결코 분리시켜서 생각 할 수 없는 것이 바로 독해라는 것이다. 독해를 한 후에 그 내용을 요약해서 글로 나타내는 능력은 독해 능력과 작문 능력을 동시에 늘릴 수 있다는 것이다. 독해를 잘하기 위해서는 단어나 숙어, 그리고 독해에 필요한 기본적인 전략(예를 들면, 대충 훑어 읽고 지나가기 등)이 바탕이 되어야 함은 당연할 것이다. 어떤 특정한 시험만을 위한 독해 준비는 지문의 유형과 빈출 단어 숙어를 정리하면 되겠지만, 작문을 잘하기 위해서 연습하는 독해는 철저하게 자신의 능력과 관심에 맞는 책을 선택해 꾸준히 읽는 것이 좋다.
   그렇다면, 어떤 책이 나의 수준에 가장 맞는 책일까? 가장 간단한 방법으로, 지금 읽고 있는 책의 한 페이지를 정해서 사전을 보지 않고 모르는 단어가 나올 때마다 형광펜으로 표시를 해 보라. 모르는 단어의 수가 5개가 넘어간다면 그 책은 당신에게 별로 도움이 되지 않는 책이다. 이 방법이 불안하게 느껴진다면, 한 페이지가 아니라 적어도 다섯 페이지 정도를 임의로 정해서 측정해 보았을 때 모르는 단어의 수가 평균 다섯을 넘어간다면, 같은 결론을 내릴 수 있을 것이다. 만약 당신이 당신의 수준과는 너무나 거리가 있는 책을 단지 영어 공부를 열심히 하자는 당신의 주장을 위하여 보고 있다면 당신은 분명 당신 자신을 고문하고 있다. 독해와 관련지어서 글을 읽을 때마다 자신에게 필요하다고 생각되는 글이 나올 때마다 따로 모아두었다가 필요할 때마다 습작을 해보는 것도 도움이 될 것이다. 얼마나 효율적으로 관리를 해서 필요할 때마다 적절하게 이용할 것인가가 남는 문제가 될 것이다.

4. 시험과 연습, 그리고 완벽주의: 현장에서 학생들을 교육하다 보면, 학생들이 지나칠 정도로 과정보다는 결과에 비중을 두는 경우를 볼 때가 많다. 실용영어능력을 테스트하는 시험조차도 본인이 그 성적을 원하지 않으면 다음에 다시 볼 수 있는데, 하물며 영작문 과제 한 번에 목숨 걸 이유가 없는 것이다. 결국 모든 시험은 연습의 일부이지 최종 결과가 될 수는 없을 것이다. 시험이나 과제에서 지적된 사항은 앞으로 학생 입장에선 무엇을 집중적으로 공부해야 할 것이지, 또 교사에게는 교과과정에 무엇을 집중적으로 반영해야할지를 알려주는 매우 귀중한 자료라고 생각된다. 특히 반복되는 연습이 강조되는 어학에서 모든 상황을 최종 테스트로 인식한다면 말을 배우는데 큰 방해요인이 될 것이다. 연습하지 않고 완벽해질 수 없다는 것을 너무도 잘 알면서 연습보다는 결과에 더 민감한 것은 노력하지 않고 일확천금을 노리는 사행심이라고

매도하기보다는 매사에 완벽해야 미덕이고 나보다 남을 먼저 생각하는(좋은 의미에서가 아니라, 체면 때문에) 유교의식이 21세기에도 구석구석에 스며들어있기 때문이 아닐까 추측해 본다.

5. 위에서 지적한 요인들이 작문의 가장 큰 방해요인으로 여러 사람들이 지적한 사항이다. 이외에도 학생 개개인에 따라 다른 요인도 물론 있을 수 있으며, 그것이 무엇인지를 탐구하고 그 해결책을 함께 토의하고 모색해 보는 것이 담론의 목적이다. 무엇보다도 여러분들의 적극적인 참여와 애정 어린 비판이 우리가 떠나려는 작문으로의 이 길고 험한 여정에 가장 큰 힘이 되리라 믿는다. 여러분과 저자가 함께 하는 글을 통한 공동체 속에서 여러분들에게는 작문에서의 성공을, 저자에게는 여러분을 포함한 후학들에게 좀 더 질적인 저서를 제공 할 수 있는 초석이 된다는 사실을 명심해 주길 바라며, 여러분들의 건투를 빈다. 바쁜 일상속에서 연구실을 늘 지키며 불평 한마디 없이 교정 작업을 도와준 제자 송승진 군에게 진심으로 감사의 마음을 전한다.

풀벌레 소리가 은은하게 퍼지는 안서골 연구실에서

2006년 5월 1일

박 종 원

C·o·n·t·e·n·t·s

한국 대학생이 보이는 영어작문 실수 유형

I. 서론

효과적인 언어 학습을 위하여 학습자 능력의 평가와 진단은 매우 중요한 요소이다. 영어 학습에 있어서 필수적인 요소인 작문에 대한 학습도 효과적인 평가와 진단이 매우 중요하다. 하지만 영어 작문에 대한 평가와 진단에 필요한 원어민을 학습자가 주위에서 찾아 활용하기에는 현실적으로 많은 어려움이 따른다. 최근에 인터넷을 이용한 언어 학습 발달로 영작문 수정 및 교정을 위한 사이트들이 있지만 실시간으로 영작문에 대한 평가 결과와 진단을 받을 수 없는 실정이며, 이에 자동 영작문 평가 시스템에 대한 수요가 매우 크다 할 수 있다.

최근 언어처리 기술의 발달로 영작문 자동 평가 시스템 구축에 관한 시도가 국외의 언어 관련 업체와 대학을 중심으로 이루어지고 있으며, 몇몇 데모 프로그램도 시험 중에 있다[4, 5, 6, 8,

9]. 영작문 자동 평가 시스템 개발에 대한 연구는 대부분 해외의 연구이며, 국내 연구진에 의한 연구는 미흡한 실정이다. 우리나라에서의 영어를 비롯한 외국어 학습에 대한 지대한 관심과 투자에 비추어 볼 때 국내에서도 영작문 자동 평가 시스템에 관한 연구가 이루어져야 한다고 사료되며 이러한 필요성에 의하여 본 연구팀의 연구가 시작되었다.

기존의 많은 연구에서와 같이 본 연구팀은 영작문 자동 평가 시스템의 기능을 학생들의 영작문을 입력받아 그 문서를 이미 몇 개의 부류로 나뉘어져 있는 영작문 수준에 분류하는 문서 분류 문제로 정의하고 연구를 진행하고 있다. 예를 들어, 작문 수준이 0~5까지 6개의 수준으로 분류되어 있다면 영작문 자동 평가 시스템은 입력된 영작문이 6개 수준의 어떤 수준에 해당하는 문서인가를 결정하는 작업으로 생각할 수 있다는 것이다.

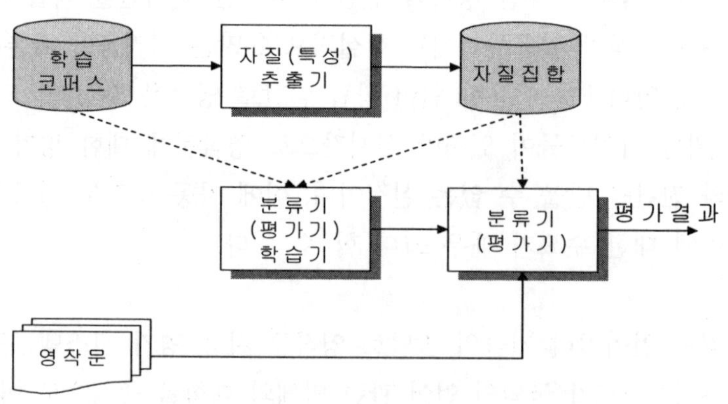

[그림1] 문서 분류기 기반의 영작문 자동 평가기 구조

문서 분류기는 일반적으로 [그림1]과 같이 크게 분류기 학습기와 분류기로 구성되며 언어 자원으로는 분류기 학습 코퍼스와 자질 집합이 사용되며 문서 분류기를 기반으로 한 영작문 자동 평가기 개발을 위한 일련의 과정은 [표1]과 같이 설명할 수 있다.

[표1] 영작문 자동 평가기 개발 과정

1. 학습 코퍼스 구축
   - 1.1 영작문 원시 코퍼스 수집
   - 1.2 원어민에 의한 영작문 점수 할당
2. 자질 집합 구축
   - 2.1 학습 코퍼스를 이용한 자질 후보 집합 구축
   - 2.2 원어민에 의한 자질 후보 집합 구축
   - 2.3 자질 후보와 영작문 점수와의 상관 관계를 이용한 자질 집합 선정
3. 영어 자동 평가기 학습
   - 3.1 자질 추출 도구 개발
   - 3.1 문서 분류기(평가기) 학습 방법 개발
   - 3.3 영어 자동 평가기 학습
4. 영작문 자동 평가기 평가 및 수정

자질 집합은 문서의 논리적인 표현을 위하여 문서를 대표할 수 있는 특징의 집합으로 자집 집합의 선정이 문서 분류기 성능에 매우 중요한 영향을 미친다. 이상적으로 자질은 영작문의 점수를 결정하는데 많은 영향을 미치는 요인들로 구성되어야 하나 실제 평가를 수행하는 원어민들조차 평가에 사용되는 자질을 명확하게 기술하기 어려운 실정이다. 본 연구팀은 원어민으로부터 영작문 평가에 사용될 수 있는 자질의 후보를 수동으로 획득하는 한편 영작문에서 보이는 오류와 실제 영작문간의 상관 분석을 통하여 자질 집합을 자동으로 획득하는 방안을 사용한다. 본

논문은 영작문 자동 평가기 구축을 위한 단계로서 자질 집합 구축을 위해 한국 대학생들의 영작문을 분석한 결과를 오류 유형과 오류 유형과 영작문의 점수와의 상관관계 분석 결과를 중심으로 기술한다.

II. 학습 코퍼스 구축 및 분석 자료 구축

1. 원시 및 학습 코퍼스 구축

영작문 원시 코퍼스 구축을 위하여 서울 지역 대학교 3곳과 지방 대학 1곳의 500명을 대상으로 TOEFL의 TWE 주제 중 비교적 학생들에게 친근한 주제라고 생각되는 "시골 생활과 도시 생활에 대한 자신의 견해를 적으시오" 라는 주제로 영작문을 수집하였다. 서울 지역 대학교와 지방대로 구성된 4곳의 대학교에서 영작문을 수집한 이유는 원시 코퍼스의 영작문 점수에 따른 균형을 유지하기 위한 목적이었다. 성의 있고 개인의 영작문 실력이 반영될 수 있도록 하기 위하여 영작문 시간은 30분으로 제한하였고, 강의실에서 작문이 수행되었다. 500개의 영작문 중 10개의 작문은 주제와 상관없는 잘못된 작문 내용을 가진 결과였으며 최종적으로 490개의 영작문 학습 코퍼스를 구축하였다.

2. 영작문 코퍼스 오류 태깅 및 분석

490개의 원시 코퍼스를 두 명의 원어민이 각자 0~6점 사이의 작문 점수를 부여하게 하였으며 두 평가자의 의견이 불일치하는 경우 서로의 의견을 교환하여 서로 합의한 점수로 영작문 점수를 할당하는 작업을 수행하였다. 오류 태깅은 질적 연구(qualitative research)를 위하여 최근 많이 사용되는 QSR NVIVO 2.0을 이용하여 상향식 방법에 따라 임의의 164개의 영작문을 대상으로 오류를 태깅 하였다[10]. 상향식 방법에 따른 오류 태깅이란 태깅할 오류 유형을 미리 설정하지 않고 태깅을 수행하는 평가자가 글을 읽으며 영작문에 포함되는 오류 유형을 만들어 나가는 방식을 의미한다. 이는 평가자가 미리 정해진 부류에 해당하는 오류만을 분석 대상으로 하지 않고 작문자 입장에서의 오류를 좀더 찾아내기 위함이었다. [표2]는 164개의 영작문에 대한 통계를 자동 분석한 결과를 보이고 있다. [표2]에서 1번 열은 영작문 점수 부류, 2~5번 열은 각 부류에 속하는 영작문의 평균 단어 수, 평균 토큰 수, 평균 내용어의 수, 내용어의 비율을 나타내며 6번째 열은 각 부류에 속하는 영작문의 개수를 나타낸다.

[표2] 영작문 코퍼스의 어휘에 관련된 통계

Level	Avg Num. of Words	Avg Tok. of Words	Avg. Num. of Content Word	Cont. Word Ratio	The Num. of Subj.
0	138.625000	158.875000	87.687500	0.632552	16
1	169.050003	187.300003	100.300003	0.593316	20
2	239.441177	264.441162	137.941177	0.576096	34
3	278.274506	303.098053	154.666672	0.555806	51
4	328.962952	346.962952	175.555557	0.533664	27
5	333.933319	350.000000	177.866669	0.532641	15
6	357.000000	368.000000	198.000000	0.554622	1

III. 영작문 오류 분석 및 상관 분석

QSR NVIVO 2.0을 이용한 오류 태깅에서 태깅된 오류의 유형은 총 60가지였으며, 이들을 어휘 오류, 구문 오류, 의미 및 담화 오류로 병합할 수 있었다. 60가지의 오류 중 오류 유형은 영작문에 태깅된 오류의 개수를 이용하여 오류 유형과 영작문 점수간의 상관 계수를 구하고자 하였다. 그러나 [표2]에서와 같이 각 그룹에 속하는 피험자의 수와 평균 작문의 길이가 달라서 오류의 절대 개수로 상관을 계산할 수 없으며, 작문의 길이와 피험자의 수에 의해서 태깅 된 오류의 수를 정규화 하였다. 아래의 [표3], [표4], 그리고 [표5]는 각 수준별 오류 유형 중 상위 10개씩을 나타낸 것이다.

[표3] 0수준과 1수준의 오류 유형 상위 10개

0수준의 오류의 상위 10개	1수준의 오류의 상위 10개
/article	/agreement/agreement-noun
/mechanism/capitalization	/parallel structure
/agreement/agreement-Sand V	/article
/agreement/agreement-noun	/meaning/word selection
/usage/There be structure	/Main verbs issues/main verbs/transitive
/Sentence types/complex sentences	/Main verbs issues/main verbs/intransitive
/parallel structure	/Sentence types/complex sentences
/preposition	/mechanism/capitalization
/meaning/word selection	/adjective
/connectives	/relative pronouns

[표4] 2수준과 3수준의 오류 유형 상위 10개

2수준의 오류의 상위 10개	3수준의 오류의 상위 10개
/agreement/agreement-noun	/agreement/agreement-noun
/meaning/word selection	/meaning/structure
/mechanism/capitalization	/meaning/word selection
/Main verbs issues/main verbs/transitive	/mechanism/capitalization
/connectives	/article
/agreement/agreement-Sand V	/Main verbs issues/main verbs/ transitive
/parallel structure	/parallel structure
/adjective	/preposition
/Sentence types/complex sentences	/agreement/agreement-Sand V
/preposition	/Sentence types/complex sentences

[표5] 4수준과 5수준의 오류 유형 상위 10개

4수준의 오류의 상위 10개	5수준의 오류의 상위 10개
/meaning/structure	/meaning/structure
/agreement/agreement-noun	/agreement/agreement-noun
/meaning/word selection	/Main verbs issues/main verbs/transitive
/parallel structure	/connectives
/Sentence types/complex sentences	/meaning/word selection
/Main verbs issues/main verbs/ transitive	/parallel structure
/connectives	/agreement/agreement-Sand V
/preposition	/Sentence types/complex sentences
/article	/adjective
/pronoun	/run on sentences

[표3]~[표5]에서 많은 오류들이 공통적으로 나타남을 볼 수 있다. 흥미로운 사실은 3~5수준과 같이 비교적 작문 실력이 있는 그룹에서의 제일 순위의 오류가 의미에 관련된 오류이고 비교적 용이한 시제 및 수 일치에 관련된 오류는 2순위에 있고 저수준 그룹은 그 반대라는 것이다. [표6]은 [표2]의 통계 값을 포

함한 60가지의 발견된 오류 유형과 원어민이 평가한 영작문 점수와의 상관 값을 계산하여 상위 10개를 나열한 것이다.

[표5] 오류 유형과 점수와의 상관

/Verbals/to Root
/Content word Ratio
/Sentence types/complex sentences
/article
/usage/There be structure
Avg. Num. Of Content Word
Avg. Num. Of Token
/run on sentences
/article
/usage/There be structure

IV. 결론 및 향후 연구

본 연구에서는 영작문 자동 평가 시스템 개발을 위한 사전 연구로서 영작문의 논리적인 표현을 위하여 사용될 자질(특징) 집합 선정을 위한 사전 연구로 한국 대학생 영작문 실수 코퍼스의 구축과 영작문 오류 유형 및 오류 유형과 영작문간의 상관관계에 대한 분석 결과를 제시하였다. 본 연구 결과는 164개의 비교적 소량의 영작문 자료를 이용하였으며 분석 대상의 분포가 영작문 점수대별로 균형 있지 못한 편향된 자료를 사용하였기 때문에 의미 있는 결과로 해석하기에는 다소 무리가 따를 것으로 생각된다. 향후 영작문 자동 평가기를 위한 자질 집합의 구축을 위하여 좀더 많고 균형 있는 영작문에서의 오류 분석과 오류 유형과 영작문 점수와의 연관이 높은 자질을 추출할 수 있는 방법에 대한 연구를 수행하여야 할 것이며, 본 연구는 이러한 연구 수행에 있어서의 연구 방향과 문제점을 사전에 점검하는 기회로서의 의미를 찾을 수 있을 것이다.

참고문헌

[1] Burstein, Jill and Martin Chodorow (1999). Automated Essay Scoring for Nonnative English Speakers. Joint Symposium of the Association of Computational Linguistics and the International Association of Language Learning Technologies, Workshop on Computer-Mediated Language Assessment and Evaluation of Natural Language Processing, College Park, Maryland.

[2] Burstein, Jill C., Susanne Wolff, and Chi Lu. (1999). Using Lexical Semantic Techniques to Classify Free-Responses. The Depth and Breadth of Semantic Lexicons. Edited by Nancy Ide and Jean Veronis. Kluwer Academic Press.

[3] Burstein, Jill, Karen Kukich, Susanne Wolff, Chi Lu, Martin Chodorow, Lisa Braden-Harder, and Mary Dee Harris (1998). Automated Scoring Using A Hybrid Feature Identification Technique. Proceedings of the Annual Meeting of the Association of Computational Linguistics, August 1998. Montreal, Canada.

[4] Burstein, Jill. (2003). The E-rater Scoring Engine: Automated Essay Scoring With Natural Language Processing. In Automated essay scoring: A cross-disciplinary perspective. Edited by Mark D. Shermis and Jill Burstein, Hillsdale, NJ: Lawrence Erlbaum Associates, Inc.

[5] Knowledge Analysis Technologies, Intelligent Essay Assessor, http://www.knowledge-technologies.com/

[6] Lawrence M. Rudner, BESTY(Bayesian Essay Test Scoring sYstem, Univ. of Maryland, http://ericae.net/betsy/

[7] Lawrence M. Rudner, Tahung Liang, Automated Essay Scoring Using Bayes' Theorem, The Journal of Technology, Learning, and Assessment, Vol. 1. No. 2, June 2002.

[8] PEG(Project Essay Grade), Duke Univ., http://134.68.49.185/pegdemo/ref.asp

[9] Vantage Learning, Inc., IntelliMetric, http://www.intellimetric.com/

[10] http://www.qsrinternational.com/products/nvivo.html

지금까지 영작 자동 평가기 구현 기초 연구에 대해서 살펴보았는데 다음으로 작문에 영향을 주는 결정적인 변수들은 무엇이며 효율적인 작문 교육에 적용 가능한 요소들은 무엇인지에 대해 토의해 보도록 하자.

작문 능력을 결정하는 주요 변수 파악과 현장 적용 가능성 모색 연구

I. 연구 결과 요약

최근에 영어의 사용 능력 특히 영작문이 국제화 시대의 의사소통 능력을 평가하는 한 가지 방법으로 특히 강조되고 있는 것이 사실이다. 대학 작문 수업에서 이와 같은 욕구를 충족하고 통찰력을 제공하기 위해서 사용뿐만 아니라 과정을 통합한 작문 능력에 결정적인 영향을 주는 변인이 무엇인가를 파악하는 것을 본 연구의 목적으로 설정하였다. 다중회귀 분석의 결과에 따르자면, 전반적인 작문 능력, 독해 능력, 주어 및 동사 인식 능력, 의미, 단어 선택, 접속사, 그리고 병렬구조 파악 능력이 연구 참여자의 작문 능력의 80%를 설명해 주는 것으로 파악이 되었다. 따라서, 연구에서 파악된 이러한 주요 변수들은 대학 영작 수업에서 교사가 특히 무엇을 중점적으로 가르쳐야 할지에 대한 구체적인 지침을 제공한다고 하겠다. 그러나, 연구자는 이와 같은 결과물을 해석하는데 있어 막연하게 통계적인 의미에서의 일반화가 아니라 연구 참여자의 구체적인 상황이나 특성에 따라 해석되어져야만 독자들이 연구 결과물을 자신이 처한 상황에서 적용 가능한지의 여부를 선택할 수 있는 자유를 줄 수 있음을 강조한다. 이를 구체적으로 실천 할 수 있는 방법으로 질적 자료 분석 도구 중의 하나인 Nvivo를 이용해 참여자가 제공하는 오류 유형과 그들이 가지고 있는 속성을 연결해 봄으로서 좀 더 깊이 있으며 상황을 고려한 연구 결과물을 통해 깊이 있는 해석을 가능하게 하는 방법을 시연한다. 이와 같은 방법은 종전에 학습자들이 범하는 오류를 빈도 중심으로 기술하고 평가하는 단원적 방법의 평가에서 다원적 방법의 평가에 대한 대안을 제시한다.

II. 연구 배경

본 연구는 대학생들의 영작 능력에 결정적인 영향을 주는 변인을 파악하기 위한 연구로, 2004년 가을 학기 영작을 수강 신청한 33명의 대학생을 중심으로 연구가 진행 되었다. 연구가 수행되기 전에 연구자는 1999년 봄 학기부터 2003년 봄 학기까지 학생들이 범하는 오류를 Nvivo 2를 사용하여 자연 발생적으로 수집하였다. 원 자료로부터 대학생들이 전형적으로 범하는 오류를 파악하였는데, 그들의 오류는 총 37가지로 유사한 오류별로 다시 구성해 본 결과 문법, 구성, 그리고 내용이라고 하는 3가지 영역으로 분류가 되었다. 종전의 오류 분석 연구에서는 평가 기준이 문법 영역에 지나치게 편중되었고 의사소통의 효율성이라는 면은 그리 많이 고려가 되지 못한 평가 준거 기준을 한계로 지적할 수가 있을 것이다. 그러나 본 연구에서는 학생들의 문법 능력뿐만 아니라, 작문을 통한 의사소통 능력과 문법적인 능력을 동시에 균형 있게 평가하는 것을 강조하는 Smalzer(1996)[1)]의 작문 평가 기준을 작문 평가 준거 기준 개발의 출발점으로 삼았다. Smalzer(1996)가 제시하는 작문 평가 기준은 다음과 같다 (p.272-274).

■ **Content and Ideas**

Very good (5points)

1. The writer has thought about the topic and has a clear main idea or thesis.
2. The writer discusses each main point enough to give the reader a reason to give the reader a reason to believe it.
3. The writer supports each main point, and no important point is left out.
4. There are no logical fallacies used to support the writer's thesis.
5. The writer's voice is clear because he or she writes in a sincere way, with the audience in mind.

Average (3points)

1. The writer needs to think more about the topic to make his or her ideas more convincing. The points need more support to become clear and meaningful.
2. The writer may be writing what sounds good, not what he or she believes and knows.
3. The writer's logic is not clear.
4. The writer's voice is not very strong. In addition to

1) Smazler, W. R. (1996). Write to be read. NY: Cambridge University Press.

generalities, the writer needs to include details that show familiarity with and understanding of the topic.

Weak (1point)

1. The writer needs to think more about the topic because it is not clear what point he or she is trying to make.
2. The writer needs to explain and develop points and not repeat the same ideas.
3. The writer's argument is weakened by faulty logic.
4. The writer's voice will be stronger if his or her own beliefs are included.

■ **Organization and Form**

Very good (5points)

1. The paper has a clear beginning, middle, and end, with separate introductory, body, and concluding paragraphs. It moves logically in a straight line.
2. The reader wants to continue reading and can understand the thesis and other main points fully after one reading.
3. It is clear which are the main points and which are secondary points.

Average (3points)

1. The paper has all the right parts but does not have balance. The introduction may be too long, or the conclusion may be too short.
2. The writer needs to make sure that important details get more attention than less important details. The writer may need to omit irrelevant information.
3. The reader has to read the paper twice to understand it because of a lack of coherence between the parts of the paper.

Weak (1point)

1. The paper needs a clear beginning, middle, and end in order to move in one direction.

2. The writer needs to organize the paper so that the main points are separated from each other.
3. The reader gets lost because the writer changes directions: The writer needs to add coherence.

■ **Writing Conventions**

Very good (5points)

1. The writer uses a variety of sentence lengths and types to add interest to the writing.
2. The writer chooses vocabulary carefully to communicate clearly.
3. The writer uses cohesive devices to make the relationships between the ideas clear.
4. The writer avoids problems of sentence structure including fragments, comma-splices, run-together- sentences, and lack of parallel structure.
5. There are no illogical shifts in tense, person, or number, and the tone is consistently formal.
6. The writer uses English grammar effectively to convey the message. There are few problems of verb tense, subject-verb agreement, word order, count/noncount use, or word forms.
7. The writer follows rules for spelling, capitalization, and punctuation.

Average (3points)

1. The writer uses mainly simple and compound sentences.
2. Some vocabulary is inaccurate, causing the reader to stop and question.
3. Relationships between ideas is sometimes unclear.
4. Sentence-structure problems require that some sentences be read twice for a good understanding.
5. There are confusing shifts in tense, person, and/or number.
6. The tone of the writing occasionally shifts to the informal.
7. Grammar mistakes interfere with meaning.
8. Errors in spelling, capitalization, and punctuation slow the reader down.

Weak (1point)

1. Sentences are mainly simple ones, and some of them are badly formed. Compound sentences are long and rambling.
2. Poor choice of vocabulary leaves the reader confused in several places.
3. The writing lacks cohesive devices to tie the ideas together.
4. Sentence structure is poor; the reader must reconstruct the sentences to understand them.
5. Illogical changes in tense, person, and/or number make the writing confusing.
6. The writer uses an informal tone that is inappropriate for academic writing
7. Grammar mistakes make the paper difficult to read.
8. Errors in spelling, capitalization, and punctuation distract the reader from the writer's message.
9. The reader has trouble focusing on meaning and must reread to understand the paper.

따라서 연구자는 위에서 Smalzer(1996)가 제시하는 평가 기준을 본 연구에서 연구자들이 보여주는 오류 유형에 따라 적절하게 변형해서 연구자가 처해 있는 상황에 적절한 작문 평가 준거 지침을 마련하게 되었다.

III. 연구 질문

1. 본 연구에서 파악한 12가지 변인 중에서 학생들의 작문 능력에 결정적인 영향을 주는 변인은 어떤 것인가?
2. 12가지 변인간의 관계는 무엇인가?

IV. 독립변인과 종속 변인

1. 독립변인

연구 질문에 답하기 위하여, 사전 연구에서 축적한 원 자료로부터 발생 빈도가 가장 높은 12가지 오류 유형을 선택을 하였다; 단어 선택, 기본문 5형식, 주어 동사 수일치, 문장의 유형, 정동사, 명사 일치, 내용 1(중복, 논리, 그리고 스타일), 내용 2(의미와 병렬구조), 관용용법, 그리고 구조. 각 영역별 오류의 예는 다음과 같다.

1.1. 기본문 5형식: It is not illegality.(S+V+SC)

1.2. 주어 동사 일치: Their name is Son Somi, Park Heehyun, and Kim Seunghee.

1.3. 문장의 유형: It is so exciting. Because I can meet everybody after a long time.

1.4. 정동사: I expecting a response to this letter.

1.5. 명사의 일치: I have several reason that a city life is better than a country life.

1.6. 내용 1(redundancy, logic, and style)

중복: I went to go to the theater with my sister.

논리: The man who is well-educated earns a lot of money.

스타일: My family member is 4; mom, dad, younger brother and me.

1.7. 내용 2(의미, 단어선택, 그리고 병렬구조)

의미: Do you know playing football game at the next time?

단어선택: I gain much money in days to come.

병렬구조: I attend a lecture, every Monday, Tuesday, Friday. (접속사가 빠진 경우)

1.8. 관용용법: I feel like to eat something.

1.9. 구조: 구조 영역에서 평가 기준은 다음과 같다.

1.9.1. 서론, 본론, 결론의 명확한 제시

1.9.2. 주제문의 명확한 제시

1.9.3. 문장의 길이에 따른 서론, 본론, 결론의 적절한 배치

1.10. 작문 능력:

연구가 진행되기 전에 연구자는 1999년부터 2003년 까지 같은 학교의 학생들로부터 영작 오류를 수집 분류해 왔다. 이들의 오류는 Nvivo 2를 사용하여 수집 및 분석이 되었고 사전 테스트 문제도 이들이 범한 오류를 중심으로 개발이 되었다. 추가로 어휘와 독해 능력은 작문 능력에 결정적인 요인으로 작용한다는 선행 연구의 결과에 따라 평가에 포함 시켰다. 연구자는 본 연구 참여자의 독해나 어휘 능력에 대한 시험 결과가 독자들이 자신들의 현장에서 만나는 학생들에게 어학 능력 측면에서 어느 정도의 적용 가능성이 있는지를 모색하는데 도움이 되리라 생각한다.

2. 종속 변인

학생들의 작문 능력은 학기말에 에세이 시험을 통해 파악하였

는데, 시험에서 사용된 주제는 TOEFL을 주관하는 ETS에서 제공한 100가지 예제 중에서 주거지를 도시 또는 시골 중에 하나를 선택하고 그 이유를 말하는 것이었다.

전형적인 설득문으로 복잡한 인지 능력이 요구되는 과업은 특히 ESL이나 EFL 학습자들에게는 어려운 영역으로 언어적, 수사학적, 그리고 전략적 결함을 파악하는데 유용한 과업이라는 이유에서 설득문을 선택하였다(Kim, 1997).

이상 위의 변인들의 총점은 아래와 같다(자세한 내용은 부록을 참고 할 것).

1) 작문 관련 능력 테스트

X1. 전반적인 문법, 구조, 내용 영역 능력 테스트:
72점 만점 기준으로 원 점수 표기(English 2600에서 발췌)

X2. 단어 능력 퀴즈: 20점 만점으로 원 점수 표기

X3. 독해 능력 퀴즈: 20점 만점으로 원 점수 표기

2) 문법 영역 테스트

X4. 기본문 5형식 파악 능력: 25점 만점 기준으로 원 점수 표기

X5. Grammar 영역: 주어와 동사: 44점 만점으로 원 점수 표기

X6. Grammar 영역: The process of compounding 32점 만점

X7. 정동사 퀴즈: 25점 만점으로 원 점수 표기

X8. 수일치 퀴즈: 20점 만점으로 원 점수 표기

3) 내용 영역 테스트

X9. Contents 영역: 관용용법, 중복, 논리, 스타일: 20점 만점으로 원 점수 표기

X10. Contents 영역: 의미, 단어선택, 접속사, 병렬구조: 20점 만점으로 원점수 표기

X11. 관용용법 퀴즈: 25점 만점으로 원 점수 표기

4) 구조

X12. Organization 영역: 서론, 본론, 결론 명시, 주제문, 연결사, 접속사, coherence: 20점 만점으로 원 점수 표기

5) 작문 능력 테스트 : 학기말에 시행한 작문 시험 결과물로 문법(0-3), 구조(0-3), 내용(0-3)으로 총 9점으로 표기 하였다(Y1:문법, Y2:내용, Y3:구조).

V. 연구 결과

본 연구에서 두 개의 연구 질문에 대한 답변을 순서대로 보고하도록 하겠다.

연구 질문 1. 본 연구에서 파악한 12가지 변인 중에서 학생들의 작문 능력에 결정적인 영향을 주는 오류는 어떤 것인가?

[표1]은 설명 및 종속 변인의 원 점수를 보고한 것이다.

[표1] 독립 및 종속변인 측정 결과

이름	X1	X2	X3	X4 문법 1	X5 문법 2	X6 문법 3	X7 문법 4	X8 문법 5	X9 내용 1	X10 내용 2	X11 내용 3	X 12 구조	Y1 문법	Y2 내용	Y3 구조
	작문 능력	단어	독해	기본문 5	주어 동사	단문	정동사 퀴즈	수 일치	내용 1	내용 2	내용 3	구조	Gr	Con	Org
강문영	51	13	8	21	32	16	24	18	19	14	25	20	3	3	2.5
김중현	50	16	16	19	39	11	25	20	20	19	24	17	1	2	2.5
김나미	31	12	13	22	41	16	24	18	19	2	24	19	1	2	2.5
김수운	30	9	8	10	40	14	17	15	16	17	24	16	0	1	1
김수연	43	10	10	23	41	11	25	20	16	9	12	17	1	2	1.5
김윤길	50	13	11	23	40	15	25	20	20	18	25	18	2	2	2.5
김은상	41	14	13	21	31	15	24	20	18	16	17	16	1	1	1.5
김명훈	35	7	8	7	24	12	21	17	11	11	10	17	1	1	2
김정신	39	8	6	8	34	12	19	9	12	8	11	14	1	1	2
김현욱	55	10	10	23	43	17	25	19	20	14	22	16	2	2	1
김혜연	44	10	2	16	33	14	23	18	16	9	22	16	2	2	2.5
김혜진	56	15	14	22	41	18	25	19	17	9	22	18	3	3	3
박미영	44	11	10	22	40	15	25	19	18	14	24	16	2	2	1.5
박홍희	49	7	7	8	39	18	20	19	10	11	14	14	3	3	2
윤아림	39	4	10	12	26	13	15	17	5	5	5	8	2	1	1.5
이미란	31	8	5	10	29	11	11	10	14	4	9	10	1	1	1
이연희	45	11	8	20	40	19	25	18	18	18	25	18	3	3	2
이유미	37	7	12	20	41	11	22	20	20	5	14	16	1	2	1
이정진	37	7	5	8	29	12	7	8	13	2	13	14	3	1	1
이진길	41	8	11	18	41	8	21	19	12	6	18	16	2	2	1
이진남	46	11	12	9	34	11	14	20	17	6	15	14	2	2	2.5

이름	X1	X2	X3	X4 문법 1	X5 문법 2	X6 문법 3	X7 문법 4	X8 문법 5	X9 내용 1	X10 내용 2	X11 내용 3	X 12 구조	Y1 문법	Y2 내용	Y3 구조
	작문능력	단어	독해	기본문 5	주어동사	단문	정동사퀴즈	수일치	내용 1	내용 2	내용 3	구조	Gr	Con	Org
이현미	44	12	11	14	32	8	25	20	17	9	24	19	2	1	1.5
이현숙	43	10	10	16	37	16	17	17	5	4	24	15	1	1	2
이희주	40	12	13	15	41	13	19	16	17	11	12	17	2	2	1.5
인미란	37	8	12	16	40	17	16	15	12	15	18	18	1	1	1.5
임수영	42	13	11	21	40	10	25	20	19	15	24	18	2	2	1.5
임용진	42	9	4	19	34	13	19	18	14	20	19	16	2	1	2
정영민	30	5	10	6	18	11	16	18	5	8	12	14	2	2	1.5
조규숙	51	20	14	19	41	15	25	20	20	20	24	19	2	1	2.5
한규진	48	7	6	10	34	10	11	8	3	6	1	7	2	1	1
홍정길	42	9	5	22	32	15	15	17	6	13	6	15	1	1	1.5
황아진	35	9	4	9	39	9	11	10	2	2	4	10	1	2	1.5
황유랑	37	19	8	17	40	10	25	19	19	17	22	19	2	1	1.5

[표2]는 각 변인간의 평균값을 요약 보고한 값이다.

[표2] 각 변인의 평균과 표준 편차

Variables		full marks	Mean	SD
Independent	Pretest	72	41.62	6.4
	Word Choice	20	10.4	3.7
	Reading	20	8.96	3.66
	Basic Sentence 5	25	16	5.35
	S+V	44	36	4.9
	Sentence Types	42	13	3
	Main Verbs	25	19.68	5.77
	Agreement	20	17	3.8
	Contents 1	20	14.56	5.07
	Contents 2	20	11	5.5
	Usage	25	17	7
	Organization	20	15.65	3.17
Dependent	Writing ability	9	4.8	0.49

각 변인간의 평균과 표준편차를 자세히 살펴보면 다음과 같다.

1) 작문 사전 테스트의 평균

UNIVARIATE 프로시저

변수: X1

적률			
N	32	가중합	32
평균	41.625	관측치 합	1332
표준편차	6.41947641	분산	41.2096774
왜도	0.15437366	첨도	-0.4061558
제곱합	56722	수정 제곱합	1277.5
변동계수	15.4221656	평균의 표준오차	1.13481383

기본 통계 측도

위치측도		변이측도	
평균	41.62500	표준편차	6.41948
중간값	41.50000	분산	41.20968
최빈값	37.00000	범위	26.00000
		사분위 범위	8.50000

위치모수 검정: Mu0=0

검정	통계량		p 값
스튜던트의 t	t	36.68003	Pr > |t| <.0001
부호	M	16	Pr >= |M|<.0001
부호 순위	S	264	Pr >= |S| <.0001

분위수(정의 5)

분위수		추정값
100%	최대값	56.0
99%		56.0
95%		51.0
90%		50.0
75%	Q3	45.0
50%	중위수	41.0
25%	Q1	37.0
10%		34.0
5%		31.0
1%		30.0
0%	최소값	30.0

극 관측치

작은값부터		큰값부터	
값	관측치	값	관측치
30	4	50	2
31	15	50	6
31	3	51	1
34	32	51	26
35	29	56	11

2) 단어 시험의 평균

UNIVARIATE 프로시저

변수: X2

적 률			
N	32	가중합	32
평균	10.40625	관측치 합	333
표준편차	3.68833711	분산	13.6038306
왜도	0.83175371	첨도	0.7140497
제곱합	3887	수정 제곱합	421.71875
변동계수	35.4434797	평균의 표준오차	0.65201205

기본 통계 측도

위치측도		변이측도	
평균	10.40625	표준편차	3.68834
중간값	9.50000	분산	13.60383
최빈값	7.00000	범위	16.00000
		사분위 범위	4.50000

NOTE: The mode displayed is the smallest of 2 modes with a count of 5.

위치모수 검정: Mu0=0

검정	통계량		p 값	
스튜던트의 t	t	15.96021	Pr > |t|	<.0001
부호	M	16	Pr >= |M|	<.0001
부호 순위	S	264	Pr >= |S|	<.0001

분위수(정의 5)

분위수		추정값
100%	최대값	20.0
99%		20.0
95%		19.0
90%		15.0
75%	Q3	12.0
50%	중위수	9.0
25%	Q1	8.0
10%		7.0
5%		5.0
1%		4.0
0%	최소값	4.0

극 관측치

작은값부터		큰값부터	
값	관측치	값	관측치
4	14	14	7
5	31	15	11
7	27	16	2
7	18	19	30
7	17	20	26

3) 독해의 평균

UNIVARIATE 프로시저

변수: X3

적 률			
N	32	가중합	32
평균	8.96875	관측치 합	287
표준편차	3.66750662	분산	13.4506048
왜도	-0.1785001	첨도	-0.7819776
제곱합	2991	수정 제곱합	416.96875
변동계수	40.8920599	평균의 표준오차	0.6483297

기본 통계 측도

위치측도		변이측도	
평균	8.968750	표준편차	3.66751
중간값	9.000000	분산	13.45060
최빈값	8.000000	범위	14.00000
		사분위 범위	6.00000

위치모수 검정: Mu0=0

검정	통계량		p 값	
스튜던트의 t	t	13.83363	Pr > |t|	<.0001
부호	M	16	Pr >= |M|	<.0001
부호 순위	S	16	Pr >= |S|	<.0001

분위수(정의 5)

분위수		추정값
100%	최대값	16.0
99%		16.0
95%		14.0
90%		13.0
75%	Q3	12.0
50%	중위수	9.0
25%	Q1	6.0
10%		4.0
5%		2.0
1%		2.0
0%	최소값	2.0

극 관측치

작은값부터		큰값부터	
값	관측치	값	관측치
2	31	13	7
2	10	13	22
4	29	14	11
4	25	14	26
5	28	16	2

4) 기본문 5형식의 평균

UNIVARIATE 프로시저

변수: X4

적 률			
N	32	가중합	32
평균	16.15625	관측치 합	517
표준편차	5.35277664	분산	28.6522177
왜도	-0.4328812	첨도	-1.3319617
제곱합	9241	수정 제곱합	888.21875
변동계수	33.1313061	평균의 표준오차	0.94624616

기본 통계 측도

위치측도		변이측도	
평균	16.15625	표준편차	5.35278
중간값	18.00000	분산	28.65222
최빈값	22.00000	범위	16.00000
		사분위 범위	11.00000

위치모수 검정: Mu0=0

검정	통계량		p 값
스튜던트의 t	t	17.07405	Pr > |t| <.0001
부호	M	16	Pr >= |M| <.0001
부호 순위	S	264	Pr >= |S| <.0001

분위수(정의 5)

분위수		추정값
100%	**최대값**	23
99%		23
95%		23
90%		22
75%	**Q3**	21
50%	**중위수**	18
25%	**Q1**	10
10%		8
5%		8
1%		7
0%	**최소값**	7

극 관측치

작은값부터		큰값부터	
값	관측치	값	관측치
7	8	22	11
8	18	22	12
8	13	22	28
8	9	23	5
9	29	23	6

5) S+V의 평균

UNIVARIATE 프로시저

변수: X5

적 률			
N	32	가중합	32
평균	36.375	관측치 합	1164
표준편차	4.94974747	분산	24.5
왜도	-0.9119702	첨도	-0.1991843
제곱합	43100	수정 제곱합	759.5
변동계수	13.6075532	평균의 표준오차	0.875

기본 통계 측도

위치측도		변이측도	
평균	36.37500	표준편차	4.94975
중간값	39.00000	분산	24.50000
최빈값	40.00000	범위	17.00000
		사분위 범위	7.50000

NOTE: The mode displayed is the smallest of 2 modes with a count of 7.

위치모수 검정: Mu0=0

검정	통계량	p 값
스튜던트의 t	t 41.57143	Pr > |t| <.0001
부호	M 16	Pr >= |M| <.0001
부호 순위	S 264	Pr >= |S| <.0001

분위수(정의 5)

분위수		추정값
100%	**최대값**	41.0
99%		41.0
95%		41.0
90%		41.0
75%	**Q3**	40.0
50%	**중위수**	39.0
25%	**Q1**	32.0
10%		29.0
5%		26.0
1%		24.0
0%	**최소값**	24.0

극 관측치

작은값부터		큰값부터	
값	관측치	값	관측치
24	8	41	11
26	14	41	17
29	18	41	19
29	15	41	22
31	7	41	26

6) 문장의 종류의 평균

UNIVARIATE 프로시저

변수: X6

적률			
N	32	가중합	32
평균	13.15625	관측치 합	421
표준편차	3.03856264	분산	9.2328629
왜도	0.2093769	첨도	-0.8471092
제곱합	5825	수정 제곱합	286.21875
변동계수	23.095963	평균의 표준오차	0.53714706

기본 통계 측도

위치측도		변이측도	
평균	13.15625	표준편차	3.03856
중간값	13.00000	분산	9.23286
최빈값	11.00000	범위	11.00000
		사분위 범위	4.00000

위치모수 검정: Mu0=0

검정	통계량		p 값
스튜던트의 t	t	24.49283	Pr > |t| <.0001
부호	M	16	Pr >= |M| <.0001
부호 순위	S	264	Pr >= |S| <.0001

분위수(정의 5)

분위수		추정값
100%	최대값	19
99%		19
95%		18
90%		18
75%	Q3	15
50%	중위수	13
25%	Q1	11
10%		10
5%		8
1%		8
0%	최소값	8

극 관측치

작은값부터		큰값부터	
값	관측치	값	관측치
8	21	17	23
8	19	18	11
9	29	18	13
10	30	18	32
10	27	19	16

7) 정동사의 평균

UNIVARIATE 프로시저

변수: X7

적률			
N	32	가중합	32
평균	19.6875	관측치 합	630
표준편차	5.77222214	분산	33.3185484
왜도	-0.9372635	첨도	-0.1567323
제곱합	13436	수정 제곱합	1032.875
변동계수	29.3192235	평균의 표준오차	1.02039435

기본 통계 측도

위치측도		변이측도	
평균	19.68750	표준편차	5.77222
중간값	21.00000	분산	33.31855
최빈값	25.00000	범위	19.00000
		사분위 범위	9.50000

위치모수 검정: Mu0=0

검정	통계량		p 값
스튜던트의 t	t	19.29401	Pr > |t| <.0001
부호	M	16	Pr >= |M| <.0001
부호 순위	S	264	Pr >= |S| <.0001

분위수(정의 5)

분위수		추정값
100%	최대값	25.0
99%		25.0
95%		25.0
90%		25.0
75%	Q3	25.0
50%	중위수	21.0
25%	Q1	15.0
10%		11.0
5%		7.0
1%		6.0
0%	최소값	6.0

극 관측치

작은값부터		큰값부터	
값	관측치	값	관측치
6	31	22	16
7	18	25	21
11	29	25	24
11	27	25	26
11	15	25	30

8) 수일치의 평균

UNIVARIATE 프로시저

변수: X8

적 률			
N	32	가중합	32
평균	17.03125	관측치 합	545
표준편차	3.80563568	분산	14.4828629
왜도	-1.4977256	첨도	1.02558151
제곱합	9731	수정 제곱합	448.96875
변동계수	22.3450168	평균의 표준오차	0.6727477

기본 통계 측도

위치측도		변이측도	
평균	17.03125	표준편차	3.80564
중간값	18.00000	분산	14.48286
최빈값	20.00000	범위	12.00000
		사분위 범위	3.50000

위치모수 검정: Mu0=0

검정	통계량	p 값
스튜던트의 t	t 25.31595	Pr > |t| <.0001
부호	M 16	Pr >= |M| <.0001
부호 순위	S 264	Pr >= |S| <.0001

분위수(정의 5)

분위수		추정값
100%	최대값	20.0
99%		20.0
95%		20.0
90%		20.0
75%	Q3	20.0
50%	중위수	18.0
25%	Q1	16.0
10%		10.0
5%		8.0
1%		8.0
0%	최소값	8.0

극 관측치

작은값부터		큰값부터	
값	관측치	값	관측치
8	27	20	20
8	18	20	21
9	9	20	24
10	29	20	26
10	15	20	32

9) 관용 용법, 중복, 논리, 스타일의 평균

UNIVARIATE 프로시저

변수: X9

적 률			
N	32	가중합	32
평균	14.5625	관측치 합	466
표준편차	5.07325371	분산	25.7379032
왜도	-1.0899317	첨도	0.42791615
제곱합	7584	수정 제곱합	797.875
변동계수	34.8377937	평균의 표준오차	0.89683303

기본 통계 측도

위치측도		변이측도	
평균	14.56250	표준편차	5.07325
중간값	16.00000	분산	25.73790
최빈값	16.00000	범위	18.00000
		사분위 범위	6.50000

NOTE: The mode displayed is the smallest of 4 modes with a count of 4.

위치모수 검정: Mu0=0

검정	통계량	p 값
스튜던트의 t	t 16.23769	Pr > |t| <.0001
부호	M 16	Pr >= |M| <.0001
부호 순위	S 264	Pr >= |S| <.0001

분위수(정의 5)

분위수		추정값
100%	최대값	20.0
99%		20.0
95%		20.0
90%		20.0
75%	Q3	18.0
50%	중위수	16.0
25%	Q1	12.0
10%		6.0
5%		3.0
1%		2.0
0%	최소값	2.0

극 관측치

작은값부터		큰값부터	
값	관측치	값	관측치
2	29	19	30
3	27	20	2
5	14	20	6
6	28	20	17
10	31	20	26

10) 의미, 단어 선택, 접속사, 병렬구조의 평균

UNIVARIATE 프로시저

변수: X10

적률			
N	32	가중합	32
평균	11.125	관측치 합	356
표준편차	5.52851844	분산	30.5645161
왜도	-0.0654414	첨도	-1.101803
제곱합	4908	수정 제곱합	947.5
변동계수	49.6945478	평균의 표준오차	0.97731322

기본 통계 측도

위치측도		변이측도	
평균	11.12500	표준편차	5.52852
중간값	11.00000	분산	30.56452
최빈값	9.00000	범위	18.00000
		사분위 범위	9.50000

NOTE: The mode displayed is the smallest of 2 modes with a count of 4.

위치모수 검정: Mu0=0

검정	통계량		p 값	
스튜던트의 t	t	11.38325	Pr > |t|	<.0001
부호	M	16	Pr >= |M|	<.0001
부호 순위	S	264	Pr >= |S|	<.0001

분위수(정의 5)

분위수		추정값
100%	최대값	20.0
99%		20.0
95%		20.0
90%		18.0
75%	Q3	15.0
50%	중위수	11.0
25%	Q1	6.0
10%		4.0
5%		2.0
1%		2.0
0%	최소값	2.0

극 관측치

작은값부터		큰값부터	
값	관측치	값	관측치
2	29	18	6
2	18	18	16
2	3	19	2
4	15	20	25
5	17	20	26

11) 관용용법의 평균

UNIVARIATE 프로시저

변수: X11

적률			
N	32	가중합	32
평균	17.03125	관측치 합	545
표준편차	7.07327718	분산	50.03125
왜도	-0.6423477	첨도	-0.6422826
제곱합	10833	수정 제곱합	1550.96875
변동계수	41.5311687	평균의 표준오차	1.25039056

기본 통계 측도

위치측도		변이측도	
평균	17.03125	표준편차	7.07328
중간값	18.50000	분산	50.03125
최빈값	24.00000	범위	24.00000
		사분위 범위	12.00000

위치모수 검정: Mu0=0

검정	통계량	p 값
스튜던트의 t	t 13.62074	Pr > |t| <.0001
부호	M 16	Pr >= |M| <.0001
부호 순위	S 264	Pr >= |S| <.0001

분위수(정의 5)

분위수		추정값
100%	최대값	25.0
99%		25.0
95%		25.0
90%		24.0
75%	Q3	24.0
50%	중위수	18.0
25%	Q1	12.0
10%		6.0
5%		4.0
1%		1.0
0%	최소값	1.0

극 관측치

작은값부터		큰값부터	
값	관측치	값	관측치
1	27	24	24
4	29	24	26
5	14	25	1
6	28	25	6
9	15	25	16

12) 서론, 주제문, 연결사, 접속사, coherence의 평균

UNIVARIATE 프로시저

변수: X12

적 률			
N	32	가중합	32
평균	15.65625	관측치 합	501
표준편차	3.16848773	분산	10.0393145
왜도	-1.2729089	첨도	1.40858446
제곱합	8155	수정 제곱합	311.21875
변동계수	20.2378458	평균의 표준오차	0.56011479

기본 통계 측도

위치측도		변이측도	
평균	15.65625	표준편차	3.16849
중간값	16.00000	분산	10.03931
최빈값	16.00000	범위	13.00000
		사분위 범위	4.00000

위치모수 검정: Mu0=0

검정	통계량	p 값
스튜던트의 t	t 27.95186	Pr > |t| <.0001
부호	M 16	Pr >= |M| <.0001
부호 순위	S 264	Pr >= |S| <.0001

분위수(정의 5)

분위수		추정값
100%	최대값	20
99%		20
95%		19
90%		19
75%	**Q3**	18
50%	중위수	16
25%	**Q1**	14
10%		10
5%		8
1%		7
0%	최소값	7

극 관측치

작은값부터		큰값부터	
값	관측치	값	관측치
7	27	19	3
8	14	19	21
10	29	19	26
10	15	19	30
14	31	20	1

13) 영작 능력변수의 평균

UNIVARIATE 프로시저

변수: X13

적 률			
N	32	가중합	32
평균	1.61458333	관측치 합	51.6666667
표준편차	0.49266574	분산	0.24271953
왜도	0.86979599	첨도	1.04066453
제곱합	90.9444444	수정 제곱합	7.52430556
변동계수	30.5134912	평균의 표준오차	0.08709182

기본 통계 측도

위치측도		변이측도	
평균	1.614583	표준편차	0.49267
중간값	1.500000	분산	0.24272
최빈값	1.333333	범위	2.33333
		사분위 범위	0.50000

위치모수 검정: Mu0=0

검정	통계량		p 값	
스튜던트의 t	t	18.53886	Pr > |t|	<.0001
부호	M	16	Pr >= |M|	<.0001
부호 순위	S	264	Pr >= |S|	<.0001

분위수(정의 5)

분위수		추정값
100%	최대값	3.000000
99%		3.000000
95%		2.500000
90%		2.333333
75%	Q3	1.833333
50%	중위수	1.500000
25%	Q1	1.333333
10%		1.166667
5%		1.000000
1%		0.666667
0%	최소값	0.666667

극 관측치

작은값부터		큰값부터	
값	관측치	값	관측치
0.666667	4	2.16667	10
1.000000	23	2.33333	16
1.000000	15	2.50000	1
1.166667	28	2.50000	13
1.166667	7	3.00000	11

[표3] R-Square and adjusted R-Square

Root MSE	0.28209	R-Square	0.7991
Dependent Mean	1.61458	Adj R-Sq	0.6721
Coeff Var	17.47151		

[표3]에서 R-Square의 값이 0.7991로 위에서 측정한 변수가 작문 능력과 관련된 변수의 80%를 설명한다는 것을 알 수 있다.

[표4] ANOVA 분석결과

<table>
<tr><th>Source</th><th>DF</th><th>Sum of Squares</th><th>Mean Square</th><th>F Value</th><th>Pr > F</th></tr>
<tr><td>Model</td><td>12</td><td>6.01236</td><td>0.50103</td><td rowspan="3">6.30</td><td rowspan="3">0.0002</td></tr>
<tr><td>Error</td><td>19</td><td>1.51194</td><td>0.07958</td></tr>
<tr><td>Corrected Total</td><td>19</td><td>31</td><td>7.52431</td></tr>
</table>

[표4]에서, F=6.30이고 p값이 0.0002인 것을 알 수 있는데, 작문 능력을 설명하는 변인으로 적어도 하나의 독립 변인이 영향을 주는 것을 알 수가 있다.

[표5] Parameter Estimates

<table>
<tr><th>Variable</th><th>Label</th><th>DF</th><th>Parameter Estimate</th><th>Standard Error</th><th>t Value</th><th>Pr > |t|</th></tr>
<tr><td>Intercept</td><td>Intercept</td><td>1</td><td>-1.90475</td><td>0.62192</td><td>-3.06</td><td>0.0064</td></tr>
<tr><td>X1</td><td>Writing ability</td><td>1</td><td>0.04912</td><td>0.00956</td><td>5.14</td><td><.0001</td></tr>
<tr><td>X2</td><td>Words</td><td>1</td><td>0.02119</td><td>0.02394</td><td>0.89</td><td>0.3870</td></tr>
<tr><td>X3</td><td>Reading ability</td><td>1</td><td>-0.05833</td><td>0.02019</td><td>-2.89</td><td>0.0094</td></tr>
<tr><td>X4</td><td>Basic sentence</td><td>1</td><td>-0.01919</td><td>0.01419</td><td>-1.35</td><td>0.1923</td></tr>
<tr><td>X5</td><td>S+V</td><td>1</td><td>0.01138</td><td>0.01267</td><td>0.90</td><td>0.3802</td></tr>
<tr><td>X6</td><td>Sentence types</td><td>1</td><td>0.07607</td><td>0.01917</td><td>3.97</td><td>0.0008</td></tr>
<tr><td>X7</td><td>Main Verb</td><td>1</td><td>0.00739</td><td>0.01615</td><td>0.46</td><td>0.6526</td></tr>
<tr><td>X8</td><td>Agreement</td><td>1</td><td>0.03743</td><td>0.02279</td><td>1.64</td><td>0.1169</td></tr>
<tr><td>X9</td><td>Contents 1</td><td>1</td><td>0.01526</td><td>0.02209</td><td>0.69</td><td>0.4980</td></tr>
<tr><td>X10</td><td>Contents 2</td><td>1</td><td>-0.04510</td><td>0.01296</td><td>-3.48</td><td>0.0025</td></tr>
<tr><td>X11</td><td>Usage</td><td>1</td><td>0.00867</td><td>0.01612</td><td>0.54</td><td>0.5968</td></tr>
<tr><td>X12</td><td>Organization</td><td>1</td><td>0.00138</td><td>0.03207</td><td>0.04</td><td>0.9661</td></tr>
</table>

Note 1. Contents 1 refers to the writers' abilities in terms of redundancy, logic, and style.
2. Contents 2 refers to the writers' abilities in terms of meaning, word choice, conjunction, and parallelism.
3. Organization refers to the writers' abilities in terms of using introduction, body, and conclusion, a topic sentence, connectives, and coherent writing.

[표5]에서 작문능력, 독해 능력, 문장의 유형, 의미, 단어선택, 접속사, 그리고 병렬구조가 작문 능력에 결정적인 영향을 주는 변인으로 파악되었다. 기타 다른 변수는 통계적 유의도를 보이지 않았다.

연구 질문 2. 각 변인간의 관계는 무엇인가?

아래의 [표6]은 각 변수간의 상관관계를 요약 보고한 최종 결과물이다. [표6]에 따라 다음과 같이 변수간의 관계를 요약해 보겠다.

1) 수업 초기에 시행한 사전 테스트의 성적이 높은 학생일수록 최종 작문 평가에서 높은 성적이 나왔다(r=0.67). 따라서, 본 연구에서 시행한 작문 사전 테스트는 학생들의 작문 능력을 평가하는데 있어 유용한 도구로 활용 할 수가 있겠다.
2) 단어 능력은 정동사 파악 능력(r=0.65), 내용 1(관용, 중복, 논리, 스타일, r=0.66), 그리고 구조(r=0.63)와 상관관계가 있는 것으로 나타났다. 다시 말하면, 단어 능력이 높은 학생 일수록 정동사 파악이나 내용 1, 그리고 구조 영역에서 높은 점수를 보여 주었다.

[표6] 각 변수 간 상관관계 표

	X1	X2	X3	X4	X5	X6	X7	X8	X9	X10	X11	X12	y_m
X1	1	0.414	0.3	0.335	0.18	0.2	0.36	0.353	0.191	0.3	0.266	0.22	0.665
		0.019	0.1	0.061	0.33	0.2	0.043	0.048	0.295	0.1	0.141	0.226	<.0001
X2	0.414	1	0.5	0.467	0.38	0.1	0.655	0.436	0.667	0.5	0.593	0.633	0.29
	0.019		0	0.007	0.03	0.5	<.0001	0.013	<.0001	0	3E-04	<.0001	0.107

	X1	X2	X3	X4	X5	X6	X7	X8	X9	X10	X11	X12	y_m
X3	0.279	0.54	1	0.377	0.36	0.1	0.576	0.506	0.554	0.2	0.358	0.452	0.079
	0.122	0.001		0.034	0.04	0.5	6E-04	0.003	0.001	0.3	0.044	0.01	0.666
X4	0.335	0.467	0.4	1	0.48	0.3	0.597	0.647	0.531	0.4	0.545	0.578	0.287
	0.061	0.007	0		0.01	0.1	3E-04	<.0001	0.002	0	0.001	5E-04	0.112
X5	0.176	0.382	0.4	0.48	1	0.1	0.349	0.337	0.374	0.3	0.45	0.403	0.211
	0.335	0.031	0	0.005		0.4	0.051	0.06	0.035	0.2	0.01	0.022	0.246
X6	0.211	0.115	0.1	0.3	0.14	1	0.271	0.223	0.214	0.4	0.315	0.287	0.501
	0.245	0.531	0.5	0.095	0.43		0.133	0.221	0.24	0	0.079	0.111	0.004
X7	0.36	0.655	0.6	0.597	0.35	0.3	1	0.695	0.706	0.5	0.643	0.728	0.365
	0.043	<.0001	0	3E-04	0.05	0.1		<.0001	<.0001	0	<.0001	<.0001	0.04
X8	0.353	0.436	0.5	0.647	0.34	0.2	0.695	1	0.597	0.5	0.611	0.627	0.362
	0.048	0.013	0	<.0001	0.06	0.2	<.0001		3E-04	0	2E-04	1E-04	0.042
X9	0.191	0.667	0.6	0.531	0.37	0.2	0.706	0.597	1	0.4	0.815	0.779	0.294
	0.295	<.0001	0	0.002	0.03	0.2	<.0001	3E-04		0	<.0001	<.0001	0.103
X10	0.33	0.526	0.2	0.436	0.26	0.4	0.488	0.486	0.445	1	0.575	0.533	0.143
	0.065	0.002	0.3	0.013	0.15	0	0.005	0.005	0.011		6E-04	0.002	0.436
X11	0.266	0.593	0.4	0.545	0.45	0.3	0.643	0.611	0.815	0.6	1	0.805	0.395
	0.141	3E-04	0	0.001	0.01	0.1	<.0001	2E-04	<.0001	0		<.0001	0.025
X12	0.22	0.633	0.5	0.578	0.4	0.3	0.728	0.627	0.779	0.5	0.805	1	0.312
	0.226	<.0001	0	5E-04	0.02	0.1	<.0001	1E-04	<.0001	0	<.0001		0.082
y_m	0.665	0.29	0.1	0.287	0.21	0.5	0.365	0.362	0.294	0.1	0.395	0.312	1
	<.0001	0.107	0.7	0.112	0.25	0	0.04	0.042	0.103	0.4	0.025	0.082	

3) 기본문 5형식 식별 능력에서 높은 성적을 보여준 학생들은 수 일치에서도 높은 성적을 보여 주었다(r=0.64).

4) 정동사 식별 능력이 우수한 학생들은 단어(r=0.65), 수일치(r=0.69), 내용 1(r=0.70), 관용용법(r=0.64), 구조(r=0.72)에서도 높은 성적을 보여 주었다.

5) 수 일치에서 높은 성적을 보여준 학생들은 기본문 5형식(r=0.64), 정동사(r=0.69)에서도 높은 성적을 보였다.

6) 내용 1에서 높은 성적을 보여준 학생들은 단어(r=0.66), 정동사(r=0.70), 관용용법(r=0.81), 그리고 구조(r=0.77)에서 높은 성적을 보여 주었다. 여러 변인 중에서 특히 관용용법이나 구조 능력은 내용 1과 매우 높은 상관관계가 있다는 것을 알 수가 있다.
7) 관용용법은 정동사(r=0.64), 내용 1(r=0.81), 구조(r=0.80)와 상관관계가 있음이 나타났다. 특히 내용이나 구조 1은 관용용법과 매우 상관관계가 높게 나타났는데, 이는 관용용법이 정리가 된 학생일수록, 내용이나 구조 1 과업을 잘 수행하는 능력을 보여 준 것으로 해석 할 수가 있다.
8) 구조 능력을 잘 수행하는 학생일수록 단어(r=0.63), 정동사(r=0.72), 그리고 내용 1(r=0.77)에서 높은 성적을 보여 준 것으로 나타났다. 이중에서도 특히 구조 능력은 내용 1과 매우 높은 상관관계를 보여주는 것을 알 수가 있다.

위에서 설명한 변수간의 관계가 변수에 대한 이해를 도와주는 것은 사실이나 매우 조심스럽게 해석이 되어야 한다. 상관관계 연구의 결과물은 변수 간에 상관관계를 설명해 주긴 하나 인과관계를 설명하지는 못한다는 사실을 주목할 필요가 있다(Johnson, 1992).[2] 예를 들면, 위의 8)에서 구조 능력을 잘 수행하기 때문에 단어, 정동사, 그리고 내용 1을 잘했다거나 단어, 정동사, 그리고 내용 1을 잘하기 때문에 구조 능력을 잘했다고 하는 인과관계를 설명하지는 못한다는 것이다. 따라서, 위의 8가지 변수간의 관계를 설명하는 내용은 인과관계가 아닌 단순한 상관관계로서 받아들여지고 이해되어야 할 것이다.

---

2) Johnson, D. M. (1992). *Approaches to Research in Second Language Learning*. New York & London: Longman.

또한 오택섭(1990)[3]에 따르면, 본 연구에서 파악된 대부분의 상관계수가 0.60이상인 것은 비교적 높은 상관관계를 보이고 있다는 것을 의미하며, 0.70이상의 높은 상관관계, 즉 뚜렷한 관계를 보이는 것을 정리하면 다음과 같다.

1) 정동사 식별 능력과 내용 1(r=0.70), 구조(r=0.72)
2) 내용 1과 정동사(r=0.70), 관용용법(r=0.81), 그리고 구조(r=0.77)
3) 관용용법과 내용 1(r=0.81), 구조(r=0.80)
4) 구조 능력과 정동사(r=0.72), 내용 1(r=0.77)

정리하면, 작문 평가 기준을 적용하여 학생들의 작문 능력을 평가해 본 결과 정동사, 내용 1, 구조, 그리고 관용용법이 서로 매우 높은 상관관계를 보였는데, 인과관계를 모른다고 하더라도, 적어도 한 영역의 능력을 파악하면 다른 영역의 능력이 예측 가능하다는 것이다. 특히 본 연구에서 자체적으로 개발한 작문 능력 사전 테스트 검사지는 학생의 작문 능력을 예측할 수 있는 매우 적절한 지표로 사용 될 수 있으며, 학생들의 작문 능력을 향상시키려면, 작문 능력 중에서도 특히 정동사, 내용 1, 구조, 그리고 관용용법을 우선 가르쳐야 한다는 사실을 연구를 통해 알게 되었다. 이 책의 부록에서 작문에서 가장 중요한 정동사, 내용 1, 구조, 그리고 관용용법을 학생들의 오류를 예시로 공부하는 학습 교안을 구체적으로 제시해 보았다.

---

3) 오택섭 (1990). 사회과학 데이터 분석법. 서울: 나남 출판사.

VI. 토의

Creswell(2004)[4]은 연구 유형을 6가지로 분류하고 연속형과 동시다발적인 연구 상황의 차이를 강조하고 있다. 그에 따르자면 본 연구는 질적 자료를 수집하고 분석한 후에 양적 자료와 연결하는 질적 그리고 양적 연속형 모델에 속한다고 하겠다(박종원, 2004).[5] 질적 연구의 목적이 탐구이고 양적 연구의 목적이 가설검증에 있다면(Holliday, 2002; Richards, 2003; 박종원 2003)[6] 본 연구는 체계가 잡히지 않은 자료를 체계를 잡으며 탐구하고, 정교하게 다듬어진 자료를 바탕으로 가설 검증을 하는 단계까지 왔다.

질적 연구와 양적 연구는 서로 목적이 다르고 방법론도 다양하나 일반화라고 하는 단순화된 논리를 질적 연구에 강요하는 것은 분명 틀린 논리가 될 것이다. 일반화를 시킬 수 있는 기본 요건으로 무작위 샘플이나, 30명이상의 연구 참여자를 확보 하였다고 하더라도, 통계적인 의미에서 일반화는 가능하겠으나 논리적 의미에서 일반화는 많이 이루어 지지 못하는 것이 지금의 실정이라고 할 수 있다.

---

4) Creswell, J. W. (2003). *Research design: qualitative, quantitative, and mixed methods approaches*. California: Sage publication.

5) Park, Chongwon (2004). From qualitative to quantitative continuum: Exploring the possibilities with the aid of CAQDAS. *English Teaching 59*, 4.

6) Holliday, A. (2002). *Doing and writing qualitative research*. Thousand Oaks: Sage.
Richards, K. (2003). *Qualitative inquiry in TESOL*. NY: Macmillan.
박종원. (2003). 영어교육과 질적 연구. 서울: 한국문화사.

종전의 오류 분석 연구는 주로 오류의 빈도를 파악하고 보고하는 수준에 머무르다 보니 학생들이 어떤 유형의 오류를 어느 정도 범하는지에 대한 경향은 지역간에 크게 다를 바 없이 보고되어왔다. 그러나, 현장에서 학생들을 지도하는 교사의 입장에서는 연구 결과물이 어느 정도 자신의 현장에 적용이 가능한지를 모색하려면 연구 참여자에 대한 정교하고 자세한 정보가 연구 결과물에 없다면, 그 적용 범위도 매우 모호하게 남을 것이다. 차경애(2004)[7] 연구의 경우 후속 연구에 대한 제언으로 학습자들이 범하는 오류와 참여자의 속성이 연결되어야만 연구 결과에 대한 깊이 있는 해석뿐만 아니라 독자에게로의 전이성을 가능하게 한다는 사실을 강조한다.

그러나, 학습자들의 오류 분석 방식이 종전의 단순 수작업으로 진행이 된다면, 연구 참여자의 속성과 오류 유형을 연결해서 검색하고 해석하는 것은 불가능한 일이 된다. 본 연구에서 질적 자료 분석의 도구로 활용되고 있는 Nvivo 2를 활용해서 학습자의 오류와 속성을 연결시켜 해석하고 보고 함으로서 연구와 보고의 효율성을 동시에 높이고자 한다(박종원, 2005).[8]

지금부터 영작의 세 가지 오류 유형(문법, 내용, 구조)과 참여자가 제공하는 속성 값(X1~X12, Y1~Y3)을 연결해서 코딩 값에 차이가 있는지를 살펴보고 토의해 보도록 하자.

---

7) 차경애. (2004). An error analysis of Korean university students' writing. *Foreign Languages Education 11*, 2.

8) 박종원. (2005). 질적 연구 자료 분석의 혁명. 서울: 형설 출판사.

1. 문법 영역

1.1. 문법 오류와 작문 능력

Matrix Nodes	X1=상 (51-60)	X1=중상 (41-50)	X1=중하 (31-40)	X1=하 (30이하)	합계
(37 3) /Grammar/agreement	49	158	105	10	322
(37 30) /Grammar/structure	15	117	89	23	244
(37 4) /Grammar/tense	12	84	50	11	157
(37 18 36) /Grammar/main verb/two or more verbs	12	50	40	10	112
(37 19) /Grammar/article	12	45	23	3	83
(37 18 27) /Grammar/main verb/transitive vs intransitive	9	41	20	2	72
(37 18 34) /Grammar/main verb/zero verb	6	29	24	8	67
(37 11) /Grammar/modifiers	6	38	15	2	61
(37 8) /Grammar/spelling	6	26	22	2	56
(37 13) /Grammar/preposition	10	28	13	4	55
(37 15) /Grammar/object	6	29	13	3	51
(37 46) /Grammar/case	5	17	20	1	43
(37 45) /Grammar/verbal	5	16	10	1	32
(37 23) /Grammar/voice	8	13	6	2	29
(37 10) /Grammar/adverb	1	12	11	0	24
(37 29) /Grammar/adjective	5	9	8	0	22
(37 18 37) /Grammar/main verb/regular vs irregular	3	9	5	2	19
(37 18 2) /Grammar/main verb/root form	4	4	7	2	17
(37 47) /Grammar/pronoun	0	6	6	2	14
(37 24) /Grammar/running on sentence	1	4	7	0	12
(37 49) /Grammar/comparison	1	7	3	0	11
(37 33) /Grammar/question words	2	5	1	2	10
(37 22) /Grammar/relative pronoun	3	1	3	1	8
(37 18 1) /Grammar/main verb/wrong verb	0	4	3	0	7
(37 27) /Grammar/modal	1	5	0	0	6
(37 51) /Grammar/demonstrative pronoun	2	2	1	0	5
(37 31) /Grammar/adjective clause	0	1	1	0	2
(37 34) /Grammar/aposotive	2	0	0	0	2
(37 35) /Grammar/number	0	1	1	0	2
(37 50) /Grammar/negation	1	0	0	0	1

위의 표에서 전반적인 작문 능력에 따라 학생들의 작문 오류를 분류해 볼 때, 오류 빈도가 가장 높은 것은 일치, 구조, 시제, 정동사, 그리고 관사임을 알 수 있다. 중상이나 중하에 있는 학생들의 오류가 가장 많은데, 이는 상으로 가는 발달 단계로 해석할 수 있다. 그러나 작문 능력이 하에 있는 학생들의 경우 오류 빈도가 오히려 중이나 상인 학생들 보다 오류 빈도가 낮은데 이는 하의 학생들이 이 영역에서 비교적 잘하고 있다고 보기 보다는 회피전략을 사용하였다고 해석 할 수 있다. 이와 같은 영향을 받지 않으려면 작문 과제를 부과 할 때 글자 수를 철저하게 통제할 필요가 있으며 이점이 본 연구의 한계이며 후행 연구의 제안점이 될 수 있다.

1.2. 문법 오류와 단어 능력

Matrix Nodes	X1=상 (51-60)	X1=중상 (41-50)	X1=중하 (31-40)	X1=하 (30이하)	합계
(37 3) /Grammar/agreement	49	158	105	10	322
(37 30) /Grammar/structure	15	117	89	23	244
(37 4) /Grammar/tense	12	84	50	11	157
(37 18 36) /Grammar/main verb/two or more verbs	12	50	40	10	112
(37 19) /Grammar/article	12	45	23	3	83
(37 18 27) /Grammar/main verb/transitive vs intransitive	9	41	20	2	72
(37 18 34) /Grammar/main verb/zero verb	6	29	24	8	67
(37 11) /Grammar/modifiers	6	38	15	2	61
(37 8) /Grammar/spelling	6	26	22	2	56
(37 13) /Grammar/preposition	10	28	13	4	55
(37 15) /Grammar/object	6	29	13	3	51
(37 46) /Grammar/case	5	17	20	1	43
(37 45) /Grammar/verbal	5	16	10	1	32
(37 23) /Grammar/voice	8	13	6	2	29

Matrix Nodes	X1=상 (51-60)	X1=중상 (41-50)	X1=중하 (31-40)	X1=하 (30이하)	합계
(37 10) /Grammar/adverb	1	12	11	0	24
(37 29) /Grammar/adjective	5	9	8	0	22
(37 18 37) /Grammar/main verb/regular vs irregular	3	9	5	2	19
(37 18 2) /Grammar/main verb/root form	4	4	7	2	17
(37 47) /Grammar/pronoun	0	6	6	2	14
(37 24) /Grammar/running on sentence	1	4	7	0	12
(37 49) /Grammar/comparison	1	7	3	0	11
(37 33) /Grammar/question words	2	5	1	2	10
(37 22) /Grammar/relative pronoun	3	1	3	1	8
(37 18 1) /Grammar/main verb/wrong verb	0	4	3	0	7
(37 27) /Grammar/modal	1	5	0	0	6
(37 51) /Grammar/demonstrative pronoun	2	2	1	0	5
(37 31) /Grammar/adjective clause	0	1	1	0	2
(37 34) /Grammar/aposotive	2	0	0	0	2
(37 35) /Grammar/number	0	1	1	0	2
(37 50) /Grammar/negation	1	0	0	0	1

위의 표에서 학생들의 단어 실력에 따라 학생들의 작문 오류를 분류해 볼 때, 오류 빈도가 가장 높은 것은 일치, 구조, 시제, 정동사, 그리고 관사임을 알 수 있다.

1.3. 문법 오류와 독해 능력

Matrix Nodes	X3=상 (16-20)	X3=중상 (11-15)	X3=중하 (6-10)	X3=하 (6이하)	합계
(37 3) /Grammar/agreement	13	130	108	71	322
(37 30) /Grammar/structure	7	84	90	63	244
(37 4) /Grammar/tense	1	63	59	34	157
(37 18 36) /Grammar/main verb/two or more verbs	4	46	36	26	112
(37 19) /Grammar/article	0	48	26	9	83
(37 18 27) /Grammar/main verb/ransitive vs intransitive	1	39	24	8	72
(37 18 34) /Grammar/main verb/zero verb	2	28	25	12	67
(37 8) /Grammar/spelling	1	15	27	13	56

Matrix Nodes	X3=상 (16-20)	X3=중상 (11-15)	X3=중하 (6-10)	X3=하 (6이하)	합계
(37 13) /Grammar/preposition	1	18	28	8	55
(37 15) /Grammar/object	1	27	18	5	51
(37 46) /Grammar/case	2	16	10	15	43
(37 45) /Grammar/verbal	3	15	11	3	32
(37 23) /Grammar/voice	2	13	10	4	29
(37 10) /Grammar/adverb	1	7	9	7	24
(37 29) /Grammar/adjective	0	10	7	5	22
(37 18 37) /Grammar/main verb/regular vs irregular	3	4	11	1	19
(37 18 2) /Grammar/main verb/root form	2	3	10	2	17
(37 47) /Grammar/pronoun	0	3	10	1	14
(37 24) /Grammar/running on sentence	0	5	6	1	12
(37 49) /Grammar/comparison	0	7	2	2	11
(37 33) /Grammar/question words	1	4	4	1	10
(37 22) /Grammar/relative pronoun	0	4	4	0	8
(37 18 1) /Grammar/main verb/wrong verb	0	2	2	3	7
(37 27) /Grammar/modal	0	4	1	1	6
(37 51) /Grammar/demonstrative pronoun	1	2	2	0	5
(37 31) /Grammar/adjective clause	0	0	1	1	2
(37 34) /Grammar/aposotive	1	0	1	0	2
(37 35) /Grammar/number	0	1	0	1	2
(37 50) /Grammar/negation	0	1	0	0	1

위의 표에서 전반적인 독해 능력에 따라 학생들의 작문 오류를 분류해 볼 때, 오류 빈도가 가장 높은 것은 일치, 구조, 시제, 정동사, 그리고 관사임을 알 수 있다.

1.4. 문법 오류와 기본문 5형식 식별 능력

Matrix Nodes	X4=상 (21-25)	X4=중상 (11-20)	X4=중하 (6-10)	X4=하 (5이하)	합계
(37 3) /Grammar/agreement	83	162	77	0	322
(37 30) /Grammar/structure	66	108	70	0	244
(37 4) /Grammar/tense	45	76	36	0	157
(37 18 36) /Grammar/main verb/two or more verbs	13	56	43	0	112

Matrix Nodes	X4=상 (21-25)	X4=중상 (11-20)	X4=중하 (6-10)	X4=하 (5이하)	합계
(37 19) /Grammar/article	27	38	18	0	83
(37 18 27) /Grammar/main verb/transitive vs intransitive	27	29	16	0	72
(37 18 34) /Grammar/main verb/zero verb	13	35	19	0	67
(37 11) /Grammar/modifiers	19	28	14	0	61
(37 8) /Grammar/spelling	11	24	21	0	56
(37 13) /Grammar/preposition	17	24	14	0	55
(37 15) /Grammar/object	14	24	13	0	51
(37 46) /Grammar/case	10	16	17	0	43
(37 45) /Grammar/verbal	7	18	7	0	32
(37 23) /Grammar/voice	9	14	6	0	29
(37 10) /Grammar/adverb	4	17	3	0	24
(37 29) /Grammar/adjective	6	12	4	0	22
(37 18 37) /Grammar/main verb/regular vs irregular	9	7	3	0	19
(37 18 2) /Grammar/main verb/root form	3	9	5	0	17
(37 47) /Grammar/pronoun	2	6	6	0	14
(37 24) /Grammar/running on sentence	3	6	3	0	12
(37 49) /Grammar/comparison	6	4	1	0	11
(37 33) /Grammar/question words	0	6	4	0	10
(37 22) /Grammar/relative pronoun	3	3	2	0	8
(37 18 1) /Grammar/main verb/wrong verb	3	1	3	0	7
(37 27) /Grammar/modal	1	2	3	0	6
(37 51) /Grammar/demonstrative pronoun	2	3	0	0	5
(37 31) /Grammar/adjective clause	1	1	0	0	2
(37 34) /Grammar/aposotive	1	1	0	0	2
(37 35) /Grammar/number	1	0	1	0	2
(37 50) /Grammar/negation	1	0	0	0	1

위의 표에서 기본문 5형식 식별 능력에 따라 학생들의 작문 오류를 분류해 볼 때, 오류 빈도가 가장 높은 것은 일치, 구조, 시제, 정동사, 그리고 관사임을 알 수 있다.

1.5. 문법 오류와 동사 식별 능력

Matrix Nodes	X5=상 (40-44)	X5=중상 (31-39)	X5=중하 (21-30)	X5=하 (20이하)	합계
(37 3) /Grammar/agreement	142	143	19	18	322
(37 30) /Grammar/structure	95	86	30	33	244
(37 4) /Grammar/tense	76	63	8	10	157
(37 18 36) /Grammar/main verb/two or more verbs	44	52	7	9	112
(37 19) /Grammar/article	47	30	2	4	83
(37 18 27) /Grammar/main verb/transitive vs intransitive	38	31	1	2	72
(37 18 34) /Grammar/main verb/zero verb	29	27	2	9	67
(37 11) /Grammar/modifiers	27	28	1	5	61
(37 8) /Grammar/spelling	18	23	12	3	56
(37 13) /Grammar/preposition	18	27	7	3	55
(37 15) /Grammar/object	24	20	5	2	51
(37 46) /Grammar/case	13	23	5	2	43
(37 45) /Grammar/verbal	15	11	3	3	32
(37 23) /Grammar/voice	17	10	1	1	29
(37 10) /Grammar/adverb	7	12	2	3	24
(37 29) /Grammar/adjective	15	4	3	0	22
(37 18 37) /Grammar/main verb/regular vs irregular	10	5	2	2	19
(37 18 2) /Grammar/main verb/root form	3	6	1	7	17
(37 47) /Grammar/pronoun	5	5	3	1	14
(37 24) /Grammar/running on sentence	7	2	2	1	12
(37 49) /Grammar/comparison	7	3	1	0	11
(37 33) /Grammar/question words	3	5	0	2	10
(37 22) /Grammar/relative pronoun	5	2	0	1	8
(37 18 1) /Grammar/main verb/wrong verb	3	3	1	0	7
(37 27) /Grammar/modal	3	3	0	0	6
(37 51) /Grammar/demonstrative pronoun	2	2	1	0	5
(37 31) /Grammar/adjective clause	0	1	0	1	2
(37 34) /Grammar/aposotive	0	2	0	0	2
(37 35) /Grammar/number	1	1	0	0	2
(37 50) /Grammar/negation	1	0	0	0	1

위의 표에서 전반적인 동사 식별 능력에 따라 학생들의 작문 오류를 분류해 볼 때, 오류 빈도가 가장 높은 것은 일치, 구조,

시제, 정동사, 그리고 관사임을 알 수 있다.

1.6. 문법 오류와 단문 식별 능력

Matrix Nodes	상	중	하	합계
(37 3) /Grammar/agreement	170	111	41	322
(37 30) /Grammar/structure	109	86	49	244
(37 4) /Grammar/tense	73	57	27	157
(37 18 36) /Grammar/main verb/two or more verbs	46	51	15	112
(37 19) /Grammar/article	46	27	10	83
(37 18 27) /Grammar/main verb/transitive vs intransitive	46	13	13	72
(37 18 34) /Grammar/main verb/zero verb	31	18	18	67
(37 11) /Grammar/modifiers	30	22	9	61
(37 8) /Grammar/spelling	23	20	13	56
(37 13) /Grammar/preposition	30	14	11	55
(37 15) /Grammar/object	33	13	5	51
(37 46) /Grammar/case	22	16	5	43
(37 45) /Grammar/verbal	17	9	6	32
(37 23) /Grammar/voice	18	9	2	29
(37 10) /Grammar/adverb	11	7	6	24
(37 29) /Grammar/adjective	9	12	1	22
(37 18 37) /Grammar/main verb/regular vs irregular	12	2	5	19
(37 18 2) /Grammar/main verb/root form	8	2	7	17
(37 47) /Grammar/pronoun	5	4	5	14
(37 24) /Grammar/running on sentence	5	6	1	12
(37 49) /Grammar/comparison	8	2	1	11
(37 33) /Grammar/question words	4	2	4	10
(37 22) /Grammar/relative pronoun	6	0	2	8
(37 18 1) /Grammar/main verb/wrong verb	3	4	0	7
(37 27) /Grammar/modal	3	2	1	6
(37 51) /Grammar/demonstrative pronoun	4	0	1	5
(37 31) /Grammar/adjective clause	1	0	1	2
(37 34) /Grammar/aposotive	2	0	0	2
(37 35) /Grammar/number	1	1	0	2
(37 50) /Grammar/negation	1	0	0	1
(37 18) /Grammar/main verb	0	0	0	0

위의 표에서 전반적인 단문 식별 능력에 따라 학생들의 작문

오류를 분류해 볼 때, 오류 빈도가 가장 높은 것은 일치, 구조, 시제, 정동사, 그리고 관사임을 알 수 있다. 그리고, 수일치나 구조의 경우 상의 영역에 있는 학생들이 오히려 더 많은 오류를 보여 주고 있는 것을 알 수 있는데 단문 식별 능력은 연구 참여자들에게 있어서는 상이나 중을 나누는 변별자가 될 수 없으며, 모든 학생들에게 특별히 지도가 되어야 하며 상의 학생의 경우는 특히 관심을 가지고 지도할 필요가 있다는 것을 의미한다.

1.7. 문법 오류와 정동사 식별 능력

Matrix Nodes	X7=상 (21-25)	X7=중상 (16-20)	X7=중하 (11-15)	X7=하 (10이하)	합계
(37 3) /Grammar/agreement	175	90	52	5	322
(37 30) /Grammar/structure	125	73	44	2	244
(37 4) /Grammar/tense	75	64	18	0	157
(37 18 36) /Grammar/main verb/two or more verbs	49	33	30	0	112
(37 19) /Grammar/article	48	24	11	0	83
(37 18 27) /Grammar/main verb/transitive vs intransitive	34	22	16	0	72
(37 18 34) /Grammar/main verb/zero verb	29	30	8	0	67
(37 11) /Grammar/modifiers	33	18	10	0	61
(37 8) /Grammar/spelling	24	11	21	0	56
(37 13) /Grammar/preposition	27	14	14	0	55
(37 15) /Grammar/object	33	12	5	1	51
(37 46) /Grammar/case	21	7	13	2	43
(37 45) /Grammar/verbal	18	6	7	1	32
(37 23) /Grammar/voice	19	7	3	0	29
(37 10) /Grammar/adverb	11	11	1	1	24
(37 29) /Grammar/adjective	16	2	3	1	22
(37 18 37) /Grammar/main verb/regular vs irregular	13	4	1	1	19
(37 18 2) /Grammar/main verb/root form	10	3	4	0	17
(37 47) /Grammar/pronoun	5	6	3	0	14

Matrix Nodes	X7=상 (21-25)	X7=중상 (16-20)	X7=중하 (11-15)	X7=하 (10이하)	합계
(37 24) /Grammar/running on sentence	6	4	2	0	12
(37 49) /Grammar/comparison	9	1	0	1	11
(37 33) /Grammar/question words	3	5	2	0	10
(37 22) /Grammar/relative pronoun	6	2	0	0	8
(37 18 1) /Grammar/main verb/wrong verb	3	0	4	0	7
(37 27) /Grammar/modal	3	1	2	0	6
(37 51) /Grammar/demonstrative pronoun	4	0	1	0	5
(37 31) /Grammar/adjective clause	1	1	0	0	2
(37 34) /Grammar/aposotive	2	0	0	0	2
(37 35) /Grammar/number	1	0	1	0	2
(37 50) /Grammar/negation	1	0	0	0	1

위의 표에서 정동사 식별 능력에 따라 학생들의 작문 오류를 분류해 볼 때, 오류 빈도가 가장 높은 것은 일치, 구조, 시제, 정동사, 그리고 관사임을 알 수 있다.

1.8. 문법 오류와 수일치 식별 능력

Matrix Nodes	X8=상 (16-20)	X8=중상 (11-15)	X8=중하 (6-10)	X8=하 (6이하)	합계
(37 3) /Grammar/agreement	262	20	40	0	322
(37 30) /Grammar/structure	209	7	28	0	244
(37 4) /Grammar/tense	124	14	19	0	157
(37 18 36) /Grammar/main verb/two or more verbs	80	9	23	0	112
(37 19) /Grammar/article	68	7	8	0	83
(37 18 27) /Grammar/main verb/transitive vs intransitive	65	2	5	0	72
(37 18 34) /Grammar/main verb/zero verb	55	6	6	0	67
(37 11) /Grammar/modifiers	53	3	5	0	61
(37 8) /Grammar/spelling	43	2	11	0	56
(37 13) /Grammar/preposition	46	2	7	0	55
(37 15) /Grammar/object	45	3	3	0	51
(37 46) /Grammar/case	31	0	12	0	43
(37 45) /Grammar/verbal	28	1	3	0	32

Matrix Nodes	X8=상 (16-20)	X8=중상 (11-15)	X8=중하 (6-10)	X8=하 (6이하)	합계
(37 23) /Grammar/voice	24	2	3	0	29
(37 10) /Grammar/adverb	20	1	3	0	24
(37 29) /Grammar/adjective	18	1	3	0	22
(37 18 37) /Grammar/main verb/regular vs irregular	18	0	1	0	19
(37 18 2) /Grammar/main verb/root form	15	1	1	0	17
(37 47) /Grammar/pronoun	9	2	3	0	14
(37 24) /Grammar/running on sentence	8	1	3	0	12
(37 49) /Grammar/comparison	10	0	1	0	11
(37 33) /Grammar/question words	9	0	1	0	10
(37 22) /Grammar/relative pronoun	7	1	0	0	8
(37 18 1) /Grammar/main verb/wrong verb	4	0	3	0	7
(37 27) /Grammar/modal	5	0	1	0	6
(37 51) /Grammar/demonstrative pronoun	5	0	0	0	5
(37 31) /Grammar/adjective clause	2	0	0	0	2
(37 34) /Grammar/aposotive	2	0	0	0	2
(37 35) /Grammar/number	1	0	1	0	2
(37 50) /Grammar/negation	1	0	0	0	1

위의 표에서 전반적인 수일치 식별 능력에 따라 학생들의 작문 오류를 분류해 볼 때, 오류 빈도가 가장 높은 것은 일치, 구조, 시제, 정동사, 그리고 관사임을 알 수 있다.

1.9. 문법 오류와 내용 1

Matrix Nodes	X9=상 (16-20)	X9=중상 (11-15)	X9=중하 (6-10)	X9=하 (6이하)	합계
(37 3) /Grammar/agreement	186	83	6	47	322
(37 30) /Grammar/structure	111	71	1	61	244
(37 4) /Grammar/tense	72	48	3	34	157
(37 18 36) /Grammar/main verb/two or more verbs	53	32	3	24	112
(37 19) /Grammar/article	52	17	2	12	83
(37 18 27) /Grammar/main verb/transitive vs intransitive	42	9	4	17	72
(37 18 34) /Grammar/main verb/zero verb	32	12	4	19	67

Matrix Nodes	X9=상 (16-20)	X9=중상 (11-15)	X9=중하 (6-10)	X9=하 (6이하)	합계
(37 11) /Grammar/modifiers	34	17	2	8	61
(37 8) /Grammar/spelling	28	13	1	14	56
(37 13) /Grammar/preposition	32	9	3	11	55
(37 15) /Grammar/object	33	13	1	4	51
(37 46) /Grammar/case	22	7	2	12	43
(37 45) /Grammar/verbal	21	5	1	5	32
(37 23) /Grammar/voice	20	7	0	2	29
(37 10) /Grammar/adverb	13	7	0	4	24
(37 29) /Grammar/adjective	12	7	0	3	22
(37 18 37) /Grammar/main verb/regular vs irregular	12	2	0	5	19
(37 18 2) /Grammar/main verb/root form	13	2	0	2	17
(37 47) /Grammar/pronoun	6	4	1	3	14
(37 24) /Grammar/running on sentence	7	5	0	0	12
(37 49) /Grammar/comparison	8	2	0	1	11
(37 33) /Grammar/question words	4	1	0	5	10
(37 22) /Grammar/relative pronoun	7	0	1	0	8
(37 18 1) /Grammar/main verb/wrong verb	2	2	0	3	7
(37 27) /Grammar/modal	3	1	1	1	6
(37 51) /Grammar/demonstrative pronoun	4	0	0	1	5
(37 31) /Grammar/adjective clause	1	0	0	1	2
(37 34) /Grammar/aposotive	2	0	0	0	2
(37 35) /Grammar/number	1	0	0	1	2
(37 50) /Grammar/negation	1	0	0	0	1

위의 표에서 전반적인 내용 1(관용용법, 중복, 논리, 스타일)능력에 따라 학생들의 작문 오류를 분류해 볼 때, 오류 빈도가 가장 높은 것은 일치, 구조, 시제, 정동사, 그리고 관사임을 알 수 있다.

1.10. 문법 오류와 내용 2

Matrix Nodes	X10=상 (16-20)	X10=중상 (11-15)	X10=중하 (6-10)	X10=하 (6이하)	합계
(37 3) /Grammar/agreement	66	107	45	104	322
(37 30) /Grammar/structure	32	90	42	80	244
(37 4) /Grammar/tense	20	53	28	56	157
(37 18 36) /Grammar/main verb/two or more verbs	23	25	14	50	112
(37 19) /Grammar/article	16	28	16	23	83
(37 18 27) /Grammar/main verb/transitive vs intransitive	7	29	5	31	72
(37 18 34) /Grammar/main verb/zero verb	12	23	13	19	67
(37 11) /Grammar/modifiers	13	17	12	19	61
(37 8) /Grammar/spelling	9	11	8	28	56
(37 13) /Grammar/preposition	7	20	8	20	55
(37 15) /Grammar/object	9	18	12	12	51
(37 46) /Grammar/case	6	13	7	17	43
(37 45) /Grammar/verbal	8	8	5	11	32
(37 23) /Grammar/voice	10	6	6	7	29
(37 10) /Grammar/adverb	5	7	5	7	24
(37 29) /Grammar/adjective	6	5	2	9	22
(37 18 37) /Grammar/main verb/regular vs irregular	3	3	5	8	19
(37 18 2) /Grammar/main verb/root form	9	3	2	3	17
(37 47) /Grammar/pronoun	3	3	3	5	14
(37 24) /Grammar/running on sentence	3	4	2	3	12
(37 49) /Grammar/comparison	0	2	4	5	11
(37 33) /Grammar/question words	2	1	2	5	10
(37 22) /Grammar/relative pronoun	2	2	2	2	8
(37 18 1) /Grammar/main verb/wrong verb	0	3	0	4	7
(37 27) /Grammar/modal	1	2	0	3	6
(37 51) /Grammar/demonstrative pronoun	3	1	0	1	5
(37 31) /Grammar/adjective clause	1	1	0	0	2
(37 34) /Grammar/aposotive	1	1	0	0	2
(37 35) /Grammar/number	0	1	0	1	2
(37 50) /Grammar/negation	0	0	1	0	1

위의 표에서 전반적인 내용 2(의미, 병렬 구조, 관용용법, 그리고 접속사) 능력에 따라 학생들의 작문 오류를 분류해 볼 때, 오

류 빈도가 가장 높은 것은 일치, 구조, 시제, 정동사, 그리고 관사임을 알 수 있다.

1.11. 문법 오류와 관용용법

Matrix Nodes	X11=상 (21-25)	X11=중상 (19-20)	X11=중하 (15-18)	X11=하 (14이하)	합계
(37 3) /Grammar/agreement	141	29	60	92	322
(37 30) /Grammar/structure	92	23	47	82	244
(37 4) /Grammar/tense	67	14	31	45	157
(37 18 36) /Grammar/main verb/two or more verbs	37	9	29	37	112
(37 19) /Grammar/article	40	3	21	19	83
(37 18 27) /Grammar/main verb/transitive vs intransitive	35	0	14	23	72
(37 18 34) /Grammar/main verb/zero verb	25	2	17	23	67
(37 11) /Grammar/modifiers	28	7	15	11	61
(37 8) /Grammar/spelling	23	1	10	22	56
(37 13) /Grammar/preposition	26	4	8	17	55
(37 15) /Grammar/object	23	1	12	15	51
(37 46) /Grammar/case	15	1	4	23	43
(37 45) /Grammar/verbal	14	1	7	10	32
(37 23) /Grammar/voice	18	3	3	5	29
(37 10) /Grammar/adverb	11	2	3	8	24
(37 29) /Grammar/adjective	12	1	4	5	22
(37 18 37) /Grammar/main verb/regular vs irregular	11	0	3	5	19
(37 18 2) /Grammar/main verb/root form	11	1	3	2	17
(37 47) /Grammar/pronoun	7	0	1	6	14
(37 24) /Grammar/running on sentence	5	1	1	5	12
(37 49) /Grammar/comparison	8	0	1	2	11
(37 33) /Grammar/question words	4	0	4	2	10
(37 22) /Grammar/relative pronoun	5	0	0	3	8
(37 18 1) /Grammar/main verb/wrong verb	2	0	1	4	7
(37 27) /Grammar/modal	2	0	2	2	6
(37 51) /Grammar/demonstrative pronoun	3	0	1	1	5
(37 31) /Grammar/adjective clause	1	0	0	1	2
(37 34) /Grammar/aposotive	2	0	0	0	2
(37 35) /Grammar/number	1	0	0	1	2
(37 50) /Grammar/negation	1	0	0	0	1

위의 표에서 전반적인 관용용법 능력에 따라 학생들의 작문 오류를 분류해 볼 때, 오류 빈도가 가장 높은 것은 일치, 구조, 시제, 정동사, 그리고 관사임을 알 수 있다.

1.12. 문법 오류와 구조

Matrix Nodes	X12=상 (16-20)	X12=중상 (11-15)	X12=중하 (6-10)	X12=하 (6이하)	합계
(37 3) /Grammar/agreement	233	59	25	5	322
(37 30) /Grammar/structure	165	50	26	3	244
(37 4) /Grammar/tense	109	34	9	5	157
(37 18 36) /Grammar/main verb/two or more verbs	71	20	17	4	112
(37 19) /Grammar/article	60	17	4	2	83
(37 18 27) /Grammar/main verb/transitive vs intransitive	43	25	2	2	72
(37 18 34) /Grammar/main verb/zero verb	43	18	5	1	67
(37 11) /Grammar/modifiers	43	16	1	1	61
(37 8) /Grammar/spelling	27	18	11	0	56
(37 13) /Grammar/preposition	35	11	5	4	55
(37 15) /Grammar/object	40	10	1	0	51
(37 46) /Grammar/case	24	9	10	0	43
(37 45) /Grammar/verbal	22	6	3	1	32
(37 23) /Grammar/voice	24	3	1	1	29
(37 10) /Grammar/adverb	17	6	1	0	24
(37 29) /Grammar/adjective	18	1	3	0	22
(37 18 37) /Grammar/main verb/regular vs irregular	13	5	1	0	19
(37 18 2) /Grammar/main verb/root form	12	4	1	0	17
(37 47) /Grammar/pronoun	7	5	2	0	14
(37 24) /Grammar/running on sentence	9	1	2	0	12
(37 49) /Grammar/comparison	9	2	0	0	11
(37 33) /Grammar/question words	4	5	0	1	10
(37 22) /Grammar/relative pronoun	7	1	0	0	8
(37 18 1) /Grammar/main verb/wrong verb	3	1	3	0	7
(37 27) /Grammar/modal	3	2	0	1	6
(37 51) /Grammar/demonstrative pronoun	4	0	1	0	5
(37 31) /Grammar/adjective clause	1	1	0	0	2

Matrix Nodes	X12=상 (16-20)	X12=중상 (11-15)	X12=중하 (6-10)	X12=하 (6이하)	합계
(37 34) /Grammar/aposotive	2	0	0	0	2
(37 35) /Grammar/number	1	0	1	0	2
(37 50) /Grammar/negation	1	0	0	0	1

위의 표에서 전반적인 구조 능력에 따라 학생들의 작문 오류를 분류해 볼 때, 오류 빈도가 가장 높은 것은 일치, 구조, 시제, 정동사, 그리고 관사임을 알 수 있다.

1.13. 문법 오류와 문법 능력

Matrix Nodes	Y1=상 (3)	Y1=중 (2)	Y1=하 (1)	합계
(37 3) /Grammar/agreement	28	170	124	322
(37 30) /Grammar/structure	6	138	100	244
(37 4) /Grammar/tense	7	78	72	157
(37 18 36) /Grammar/main verb/two or more verbs	8	60	44	112
(37 19) /Grammar/article	14	41	28	83
(37 18 27) /Grammar/main verb/transitive vs intransitive	8	36	28	72
(37 18 34) /Grammar/main verb/zero verb	6	31	30	67
(37 11) /Grammar/modifiers	8	34	19	61
(37 8) /Grammar/spelling	11	24	21	56
(37 13) /Grammar/preposition	13	32	10	55
(37 15) /Grammar/object	3	32	16	51
(37 46) /Grammar/case	6	17	20	43
(37 45) /Grammar/verbal	5	19	8	32
(37 23) /Grammar/voice	3	17	9	29
(37 10) /Grammar/adverb	1	12	11	24
(37 29) /Grammar/adjective	5	11	6	22
(37 18 37) /Grammar/main verb/regular vs irregular	1	7	11	19
(37 18 2) /Grammar/main verb/root form	1	11	5	17
(37 47) /Grammar/pronoun	2	7	5	14
(37 24) /Grammar/running on sentence	1	5	6	12
(37 49) /Grammar/comparison	2	5	4	11
(37 33) /Grammar/question words	0	7	3	10

Matrix Nodes	Y1=상 (3)	Y1=중 (2)	Y1=하 (1)	합계
(37 22) /Grammar/relative pronoun	4	1	3	8
(37 18 1) /Grammar/main verb/wrong verb	0	3	4	7
(37 27) /Grammar/modal	1	5	0	6
(37 51) /Grammar/demonstrative pronoun	0	3	2	5
(37 31) /Grammar/adjective clause	0	1	1	2
(37 34) /Grammar/aposotive	1	0	1	2
(37 35) /Grammar/number	0	1	1	2
(37 50) /Grammar/negation	1	0	0	1

위의 표에서 학생들의 문법 능력에 따라 학생들의 작문 오류를 분류해 볼 때, 오류 빈도가 가장 높은 것은 일치, 구조, 시제, 정동사, 그리고 관사임을 알 수 있다.

1.14. 문법 능력과 내용 능력

Matrix Nodes	Y2=상 (3)	Y2=중 (2)	Y2=하 (1)	합계
(37 3) /Grammar/agreement	22	156	144	322
(37 30) /Grammar/structure	4	132	108	244
(37 4) /Grammar/tense	6	69	82	157
(37 18 36) /Grammar/main verb/two or more verbs	7	58	47	112
(37 19) /Grammar/article	14	35	34	83
(37 18 27) /Grammar/main verb/transitive vs intransitive	8	40	24	72
(37 18 34) /Grammar/main verb/zero verb	6	34	27	67
(37 11) /Grammar/modifiers	7	28	26	61
(37 8) /Grammar/spelling	8	23	25	56
(37 13) /Grammar/preposition	10	21	24	55
(37 15) /Grammar/object	2	26	23	51
(37 46) /Grammar/case	2	26	15	43
(37 45) /Grammar/verbal	4	18	10	32
(37 23) /Grammar/voice	3	12	14	29
(37 10) /Grammar/adverb	0	10	14	24
(37 29) /Grammar/adjective	4	11	7	22
(37 18 37) /Grammar/main verb/regular vs irregular	0	15	4	19

Matrix Nodes	Y2=상 (3)	Y2=중 (2)	Y2=하 (1)	합계
(37 18 2) /Grammar/main verb/root form	1	6	10	17
(37 47) /Grammar/pronoun	1	4	9	14
(37 24) /Grammar/running on sentence	1	4	7	12
(37 49) /Grammar/comparison	1	7	3	11
(37 33) /Grammar/question words	0	6	4	10
(37 22) /Grammar/relative pronoun	4	2	2	8
(37 18 1) /Grammar/main verb/wrong verb	0	5	2	7
(37 27) /Grammar/modal	1	3	2	6
(37 51) /Grammar/demonstrative pronoun	0	2	3	5
(37 31) /Grammar/adjective clause	0	0	2	2
(37 34) /Grammar/aposotive	1	1	0	2
(37 35) /Grammar/number	0	2	0	2
(37 50) /Grammar/negation	1	0	0	1

위의 표에서 전반적인 내용 능력에 따라 학생들의 작문 오류를 분류해 볼 때, 오류 빈도가 가장 높은 것은 일치, 구조, 시제, 정동사, 그리고 관사임을 알 수 있다.

1.15. 문법 능력과 구조

Matrix Nodes	Y3=상 (3)	Y3=중 (2)	Y3=하 (1)	합계
(37 3) /Grammar/agreement	3	141	178	322
(37 30) /Grammar/structure	2	89	153	244
(37 4) /Grammar/tense	1	64	92	157
(37 18 36) /Grammar/main verb/two or more verbs	2	40	70	112
(37 19) /Grammar/article	4	33	46	83
(37 18 27) /Grammar/main verb/transitive vs intransitive	1	33	38	72
(37 18 34) /Grammar/main verb/zero verb	0	25	42	67
(37 11) /Grammar/modifiers	2	33	26	61
(37 8) /Grammar/spelling	1	26	29	56
(37 13) /Grammar/preposition	1	24	30	55
(37 15) /Grammar/object	0	18	33	51
(37 46) /Grammar/case	0	13	30	43

Matrix Nodes	Y3=상 (3)	Y3=중 (2)	Y3=하 (1)	합계
(37 45) /Grammar/verbal	1	12	19	32
(37 23) /Grammar/voice	2	15	12	29
(37 10) /Grammar/adverb	0	11	13	24
(37 29) /Grammar/adjective	1	11	10	22
(37 18 37) /Grammar/main verb/regular vs irregular	0	8	11	19
(37 18 2) /Grammar/main verb/root form	1	5	11	17
(37 47) /Grammar/pronoun	0	5	9	14
(37 24) /Grammar/running on sentence	0	5	7	12
(37 49) /Grammar/comparison	1	4	6	11
(37 33) /Grammar/question words	0	5	5	10
(37 22) /Grammar/relative pronoun	2	2	4	8
(37 18 1) /Grammar/main verb/wrong verb	0	0	7	7
(37 27) /Grammar/modal	0	3	3	6
(37 51) /Grammar/demonstrative pronoun	0	2	3	5
(37 31) /Grammar/adjective clause	0	0	2	2
(37 34) /Grammar/aposotive	0	2	0	2
(37 35) /Grammar/number	0	0	2	2
(37 50) /Grammar/negation	1	0	0	1

위의 표에서 구조 능력에 따라 학생들의 작문 오류를 분류해 볼 때, 오류 빈도가 가장 높은 것은 일치, 구조, 시제, 정동사, 그리고 관사임을 알 수 있다.

지금까지 학생들의 오류유형을 12개의 영작 변수와 3개의 작문 능력으로 나누어 분석해 본 결과 참여한 학생들은 12개의 변수와 상관없이 오류 빈도가 가장 높은 것은 일치, 구조, 시제, 정동사, 그리고 관사임을 알 수 있었다. 마찬가지로 3개의 작문 능력과 무관하게 오류 빈도가 가장 높은 것은 일치, 구조, 시제, 정동사, 그리고 관사임을 알 수 있었다.

먼저 언급한 통계 분석 결과에 따르면, 오류 빈도와 상관없이 영작 능력에 결정적인 영향을 주는 변수는 독해능력, 문장의 유형, 단어선택, 의미, 접속사, 그리고 병렬구조로 파악된 것을 고려한다면, 이러한 변인에서 보여준 학생들의 오류 빈도수는 통계적으로 매우 중요한 의미를 가진다고 하겠다. 요약하면, 중간 그룹의 학생들이 상으로 가는데 있어 매우 중요한 변별자 역할을 한다는 의미이며, 하의 그룹이 중으로 가는 변별자가 된다는 결론은 내릴 수 없다. 그 이유는 하 그룹의 학생들이 보여준 회피전략 때문에 오류의 빈도를 그대로 받아들이기에는 무리가 있다. 하 그룹의 학생들을 중으로 상승시키는 방법에 관심이 있다면, 학생들의 영작 단어수를 통제하는 것이 매우 중요한 사실임을 알 수 있었다.

2. 구조

2.1. 구조 오류와 작문 능력

Matrix Nodes	X1=상 (51-60)	X1=중상 (41-50)	X1=중하 (31-40)	X1=하 (30이하)	합계
(38 17) /Organization/capitalization	14	42	33	4	93
(38 6) /Organization/comma	7	22	11	1	41
(38 7) /Organization/parallelism	3	6	12	1	22
(38 25) /Organization/period	4	10	6	2	22
(38 16) /Organization/transition	1	5	5	1	12
(38 17) /Organization/capitalization	14	42	33	4	93
(38 6) /Organization/comma	7	22	11	1	41
(38 7) /Organization/parallelism	3	6	12	1	22
(38 25) /Organization/period	4	10	6	2	22
(38 16) /Organization/transition	1	5	5	1	12
(38 2) /Organization/conjunction	1	5	2	0	8
(38 48) /Organization/colon	1	3	0	0	4
(38 28) /Organization/title	0	2	0	0	2

위의 표에서 전반적인 작문 능력에 따라 학생들의 작문 오류를 분류해 볼 때, 오류 빈도가 가장 높은 것은 대문자, 콤마, 병렬구조, 그리고 마침표임을 알 수 있다. 중상이나 중하에 있는 학생들의 오류가 가장 많은데, 이는 상으로 가는 발달 단계로 해석할 수 있다. 그러나 작문 능력이 하에 있는 학생들의 경우 오류 빈도가 오히려 중이나 상인 학생들 보다 오류 빈도가 낮은데 이는 하의 학생들이 이 영역에서 비교적 잘하고 있다고 보기 보다는 회피전략을 사용하였다고 해석 할 수 있다.

2.2. 구조 오류와 단어 능력

Matrix Nodes	X2=상 (15-20)	X2=중상 (11-14)	X2=중하 (6-10)	X2=하 (6이하)	합계
(38 17) /Organization/capitalization	10	25	54	4	93
(38 6) /Organization/comma	6	10	21	4	41
(38 7) /Organization/parallelism	3	4	11	4	22
(38 25) /Organization/period	3	5	13	1	22
(38 16) /Organization/transition	2	2	8	0	12
(38 2) /Organization/conjunction	1	2	4	1	8
(38 48) /Organization/colon	0	1	3	0	4
(38 28) /Organization/title	0	0	2	0	2

위의 표에서 전반적인 단어 능력에 따라 학생들의 작문 오류를 분류해 볼 때, 오류 빈도가 가장 높은 것은 대문자, 콤마, 병렬구조, 그리고 마침표임을 알 수 있다. 중상이나 중하에 있는 학생들의 오류가 가장 많은데, 이는 상으로 가는 발달 단계로 해석할 수 있다.

2.3. 구조 오류와 독해 능력

Matrix Nodes	X3=상 (16-20)	X3=중상 (11-15)	X3=중하 (6-10)	X3=하 (6이하)	합계
(38 17) /Organization/capitalization	3	34	36	20	93
(38 6) /Organization/comma	1	12	20	8	41
(38 7) /Organization/parallelism	0	10	10	2	22
(38 25) /Organization/period	0	9	8	5	22
(38 16) /Organization/transition	1	3	4	4	12
(38 2) /Organization/conjunction	0	3	3	2	8
(38 48) /Organization/colon	0	3	1	0	4
(38 28) /Organization/title	0	0	0	2	2

위의 표에서 전반적인 독해 능력에 따라 학생들의 작문 오류를 분류해 볼 때, 오류 빈도가 가장 높은 것은 대문자, 콤마, 병렬구조, 그리고 마침표임을 알 수 있다. 중상이나 중하에 있는 학생들의 오류가 가장 많은데, 이는 상으로 가는 발달 단계로 해석할 수 있다.

2.4. 구조 오류와 기본문 5형식 식별 능력

Matrix Nodes	X4=상 (21-25)	X4=중상 (11-20)	X4=중하 (6-10)	X4=하 (5이하)	합계
(38 17) /Organization/capitalization	123	186	109	0	418
(38 6) /Organization/comma	15	50	11	0	76
(38 25) /Organization/period	11	48	7	0	66
(38 7) /Organization/parallelism	6	17	6	0	29
(38 16) /Organization/transition	2	7	8	0	17
(38 2) /Organization/conjunction	4	5	1	0	10
(38 48) /Organization/colon	3	1	0	0	4
(38 28) /Organization/title	0	2	0	0	2
(38) /Organization	0	0	0	0	0
(38 20) /Organization/paragraph indenting	0	0	0	0	0

위의 표에서 전반적인 기본문 5형식 식별 능력에 따라 학생들의 작문 오류를 분류해 볼 때, 오류 빈도가 가장 높은 것은 대문자, 콤마, 병렬구조, 그리고 마침표임을 알 수 있다. 중상이나 중하에 있는 학생들의 오류가 가장 많은데, 이는 상으로 가는 발달 단계로 해석할 수 있다.

2.5. 구조 오류와 주어 동사 식별 능력

Matrix Nodes	X5=상 (40-44)	X5=중상 (31-39)	X5=중하 (21-30)	X5=하 (20이하)	합계
(38 17) /Organization/capitalization	222	154	25	17	418
(38 6) /Organization/comma	25	40	5	6	76
(38 25) /Organization/period	42	16	2	6	66
(38 7) /Organization/parallelism	12	11	3	3	29
(38 16) /Organization/transition	4	10	2	1	17
(38 2) /Organization/conjunction	4	4	2	0	10
(38 48) /Organization/colon	3	1	0	0	4
(38 28) /Organization/title	0	2	0	0	2
(38) /Organization	0	0	0	0	0
(38 20) /Organization/paragraph indenting	0	0	0	0	0

위의 표에서 전반적인 동사 식별 능력에 따라 학생들의 작문 오류를 분류해 볼 때, 오류 빈도가 가장 높은 것은 대문자, 콤마, 병렬구조, 그리고 마침표임을 알 수 있다. 중상이나 중하에 있는 학생들의 오류가 가장 많은데, 이는 상으로 가는 발달 단계로 해석할 수 있다.

2.6. 구조 오류와 단문 식별 능력

Matrix Nodes	상	중	하	합계
(38 17) /Organization/capitalization	223	155	40	418
(38 6) /Organization/comma	29	26	21	76
(38 25) /Organization/period	20	36	10	66
(38 7) /Organization/parallelism	9	13	7	29
(38 16) /Organization/transition	6	9	2	17
(38 2) /Organization/conjunction	5	3	2	10
(38 48) /Organization/colon	3	1	0	4
(38 28) /Organization/title	1	1	0	2
(38 20) /Organization/paragraph indenting	0	0	0	0

위의 표에서 전반적인 단문 식별 능력에 따라 학생들의 작문 오류를 분류해 볼 때, 오류 빈도가 가장 높은 것은 대문자, 콤마, 병렬구조, 그리고 마침표임을 알 수 있다. 대문자나 구두점의 경우, 상에 있는 학생들이 더 많은 오류를 범하는 것으로 보아 단문 식별 능력은 작문에서는 학생들의 능력을 나눌 수 있는 기준이 되지 못하며 학생들의 구조 능력을 향상시키려면 모든 수준의 학생들에게 모두 강조 되어야 함을 의미한다.

2.7. 구조 오류와 정동사 식별 능력

Matrix Nodes	X7=상 (21-25)	X7=중상 (16-20)	X7=중하 (11-15)	X7=하 (10이하)	합계
(38 17) /Organization/capitalization	217	129	70	2	418
(38 6) /Organization/comma	28	37	11	0	76
(38 25) /Organization/period	50	11	5	0	66
(38 7) /Organization/parallelism	9	15	5	0	29
(38 16) /Organization/transition	7	3	7	0	17
(38 2) /Organization/conjunction	5	2	3	0	10
(38 48) /Organization/colon	4	0	0	0	4
(38 28) /Organization/title	1	1	0	0	2
(38) /Organization	0	0	0	0	0
(38 20) /Organization/paragraph indenting	0	0	0	0	0

위의 표에서 전반적인 정동사 식별 능력에 따라 학생들의 작문 오류를 분류해 볼 때, 오류 빈도가 가장 높은 것은 대문자, 콤마, 병렬구조, 그리고 마침표임을 알 수 있다.

2.8. 구조 오류와 수일치 식별 능력

Matrix Nodes	X8=상 (16-20)	X8=중상 (11-15)	X8=중하 (6-10)	X8=하 (6이하)	합계
(38 17) /Organization/capitalization	334	17	67	0	418
(38 6) /Organization/comma	67	4	5	0	76
(38 25) /Organization/period	57	6	3	0	66
(38 7) /Organization/parallelism	22	5	2	0	29
(38 16) /Organization/transition	9	1	7	0	17
(38 2) /Organization/conjunction	9	0	1	0	10
(38 48) /Organization/colon	4	0	0	0	4
(38 28) /Organization/title	2	0	0	0	2
(38) /Organization	0	0	0	0	0
(38 20) /Organization/paragraph indenting	0	0	0	0	0

위의 표에서 전반적인 수일치 식별 능력에 따라 학생들의 작문 오류를 분류해 볼 때, 오류 빈도가 가장 높은 것은 대문자, 콤마, 병렬구조, 그리고 마침표임을 알 수 있다. 상에 있는 학생들의 오류가 가장 많은데, 그 이유로 상에 있는 학생일수록 작문 구조 영역의 훈련이 충분히 되지 못했으며 이 영역에서 지속적인 훈련이 요구 되어 진다고 하겠다. 반면에 중이나 하에 속하는 학생들에게는 문법 영역의 훈련이 급선무이며 구조 영역에서 훈련은 분명 구분되어지는 상위 영역의 훈련이라 보여진다.

2.9. 구조 오류와 내용 1 식별 능력

Matrix Nodes	X9=상 (16-20)	X9=중상 (11-15)	X9=중하 (6-10)	X9=하 (6이하)	합계
(38 17) /Organization/capitalization	234	106	4	74	418
(38 6) /Organization/comma	33	24	2	17	76
(38 25) /Organization/period	26	34	1	5	66
(38 7) /Organization/parallelism	11	13	1	4	29
(38 16) /Organization/transition	7	4	0	6	17
(38 2) /Organization/conjunction	4	3	0	3	10
(38 48) /Organization/colon	3	1	0	0	4
(38 28) /Organization/title	1	1	0	0	2

위의 표에서 전반적인 내용 1 식별 능력(관용용법, 중복, 논리, 스타일)에 따라 학생들의 작문 오류를 분류해 볼 때, 오류 빈도가 가장 높은 것은 대문자, 콤마, 병렬구조, 그리고 마침표임을 알 수 있다. 상에 있는 학생들의 오류가 가장 많은데, 그 이유로 상에 있는 학생일수록 작문 구조 영역의 훈련이 충분히 되지 못했으며 이 영역에서 지속적인 훈련이 요구 되어 진다고 하겠다. 반면에 중이나 하에 속하는 학생들에게는 문법 영역의 훈련이 급선무이며 구조 영역에서 훈련은 분명 구분되어지는 상위 영역의 훈련이라 보여진다.

2.10. 구조 오류와 내용 2 식별 능력

Matrix Nodes	X10=상 (16-20)	X10=중상 (11-15)	X10=중하 (6-10)	X10=하 (6이하)	합계
(38 17) /Organization/capitalization	64	125	100	129	418
(38 6) /Organization/comma	9	36	9	22	76
(38 25) /Organization/period	13	9	9	35	66
(38 7) /Organization/parallelism	2	13	7	7	29
(38 16) /Organization/transition	3	1	2	11	17

Matrix Nodes	X10=상 (16-20)	X10=중상 (11-15)	X10=중하 (6-10)	X10=하 (6이하)	합계
(38 2) /Organization/conjunction	0	3	4	3	10
(38 48) /Organization/colon	1	1	1	1	4
(38 28) /Organization/title	0	1	1	0	2

위의 표에서 전반적인 내용 2 식별 능력(관용용법, 중복, 논리, 스타일)에 따라 학생들의 작문 오류를 분류해 볼 때, 오류 빈도가 가장 높은 것은 대문자, 콤마, 병렬구조, 그리고 마침표임을 알 수 있다. 중상이나 중하에 있는 학생들의 오류가 가장 많은데, 이는 상으로 가는 발달 단계로 해석할 수 있다.

2.11. 구조 오류와 내용 3 식별 능력

Matrix Nodes	X11=상 (21-25)	X11=중상 (19-20)	X11=중하 (15-18)	X11=하 (14이하)	합계
(38 17) /Organization/capitalization	133	26	83	176	418
(38 6) /Organization/comma	34	16	9	17	76
(38 25) /Organization/period	22	1	37	6	66
(38 7) /Organization/parallelism	7	5	9	8	29
(38 16) /Organization/transition	8	1	1	7	17
(38 2) /Organization/conjunction	4	1	1	4	10
(38 48) /Organization/colon	1	0	2	1	4
(38 28) /Organization/title	1	1	0	0	2

위의 표에서 관용용법 식별 능력에 따라 학생들의 작문 오류를 분류해 볼 때, 오류 빈도가 가장 높은 것은 대문자, 콤마, 병렬구조, 그리고 마침표임을 알 수 있다. 상에 있는 학생들의 오류가 가장 많은데, 그 이유로 상에 있는 학생일수록 작문 구조 영역의 훈련이 충분히 되지 못했으며 이 영역에서 지속적인 훈련이 요구 되어 진다고 하겠다. 반면에 중이나 하에 속하는 학생

들에게는 문법 영역의 훈련이 급선무이며 구조 영역에서 훈련은 분명 구분되어지는 상위 영역의 훈련이라 보여 진다.

2.12. 구조 오류와 구조 식별 능력

Matrix Nodes	X12=상 (16-20)	X12=중상 (11-15)	X12=중하 (6-10)	X12=하 (6이하)	합계
(38 17) /Organization/capitalization	294	76	25	23	418
(38 6) /Organization/comma	51	18	5	2	76
(38 25) /Organization/period	58	4	3	1	66
(38 7) /Organization/parallelism	20	6	3	0	29
(38 16) /Organization/transition	9	1	7	0	17
(38 2) /Organization/conjunction	6	2	2	0	10
(38 48) /Organization/colon	4	0	0	0	4
(38 28) /Organization/title	2	0	0	0	2
(38) /Organization	0	0	0	0	0
(38 20) /Organization/paragraph indenting	0	0	0	0	0

위의 표에서 구조식별 능력에 따라 학생들의 작문 오류를 분류해 볼 때, 오류 빈도가 가장 높은 것은 대문자, 콤마, 병렬구조, 그리고 마침표임을 알 수 있다. 상에 있는 학생들의 오류가 가장 많은데, 그 이유로 상에 있는 학생일수록 작문 구조 영역의 훈련이 충분히 되지 못했으며 이 영역에서 지속적인 훈련이 요구 되어 진다고 하겠다. 반면에 중이나 하에 속하는 학생들에게는 문법 영역의 훈련이 급선무이며 구조 영역에서 훈련은 분명 구분되어지는 상위 영역의 훈련이라 보여진다.

2.13. 구조 오류와 문법 평가

Matrix Nodes	Y1=상 (3)	Y1=중 (2)	Y1=하 (1)	합계
(38 17) /Organization/capitalization	36	214	168	418
(38 6) /Organization/comma	6	50	20	76
(38 25) /Organization/period	7	45	14	66
(38 7) /Organization/parallelism	5	15	9	29
(38 16) /Organization/transition	0	5	12	17
(38 2) /Organization/conjunction	2	6	2	10
(38 48) /Organization/colon	0	2	2	4
(38 28) /Organization/title	0	2	0	2
(38) /Organization	0	0	0	0
(38 20) /Organization/paragraph indenting	0	0	0	0

위의 표에서 문법 능력에 따라 학생들의 작문 오류를 분류해 볼 때, 오류 빈도가 가장 높은 것은 대문자, 콤마, 병렬구조, 그리고 마침표임을 알 수 있다. 문법 능력이 중인 학생들의 오류가 가장 많은 것으로 보아 상으로 가는 발달 단계로 볼 수 있다.

2.14. 구조 오류와 내용 평가

Matrix Nodes	Y2=상 (3)	Y2=중 (2)	Y2=하 (1)	합계
(38 17) /Organization/capitalization	31	214	173	418
(38 6) /Organization/comma	6	24	46	76
(38 25) /Organization/period	7	36	23	66
(38 7) /Organization/parallelism	4	8	17	29
(38 16) /Organization/transition	0	10	7	17
(38 2) /Organization/conjunction	2	2	6	10
(38 48) /Organization/colon	0	3	1	4
(38 28) /Organization/title	0	1	1	2
(38) /Organization	0	0	0	0
(38 20) /Organization/paragraph indenting	0	0	0	0

위의 표에서 내용 능력에 따라 학생들의 작문 오류를 분류해 볼 때, 오류 빈도가 가장 높은 것은 대문자, 콤마, 마침표, 그리고 병렬구조임을 알 수 있다. 문법 능력이 중인 학생들의 오류가 가장 많은 것으로 보아 상으로 가는 발달 단계로 볼 수 있다.

2.15. 구조 오류와 구조 평가

Matrix Nodes	Y3=상 (3)	Y3=중 (2)	Y3=하 (1)	합계
(38 17) /Organization/capitalization	14	149	255	418
(38 6) /Organization/comma	3	40	33	76
(38 25) /Organization/period	5	11	50	66
(38 7) /Organization/parallelism	3	12	14	29
(38 16) /Organization/transition	0	6	11	17
(38 2) /Organization/conjunction	2	2	6	10
(38 48) /Organization/colon	0	0	4	4
(38 28) /Organization/title	0	2	0	2
(38) /Organization	0	0	0	0
(38 20) /Organization/paragraph indenting	0	0	0	0

위의 표에서 내용 능력에 따라 학생들의 작문 오류를 분류해 볼 때, 오류 빈도가 가장 높은 것은 대문자, 콤마, 마침표, 그리고 병렬구조임을 알 수 있다. 문법 능력이 중인 학생들의 오류가 가장 많은 것으로 보아 상으로 가는 발달 단계로 볼 수 있다.

지금까지 학생들의 오류유형을 12개의 영작 변수와 3개의 작문 능력으로 나누어 분석해 본 결과 구조 오류는 12개의 변수와 상관없이 오류 빈도가 가장 높은 것은 대문자, 콤마, 마침표, 그리고 병렬구조임을 알 수 있었다. 3개의 작문 능력에서는 구조 능력이 없는 학생들 중 상에 속하는 학생들이 구조 오류가 특히 많았는데, 다른 영작 능력과 구별 지어 볼 때 상에 속하는 학생들은 무엇보다도 구조 영역에서 집중적인 지도가 요구 된다는 것을 알 수 있으며, 기타 변인과 구조 오류는 일반적인 오류 빈도를 보인다는 것을 알 수 있었다.

먼저 언급한 통계 분석 결과에 따르면, 오류 빈도와 상관없이 영작 능력에 결정적인 영향을 주는 변수는 독해능력, 문장의 유형, 단어선택, 의미, 접속사, 그리고 병렬구조로 파악된 것을 고려한다면, 이러한 변인에서 보여준 학생들의 오류 빈도수는 통계적으로 매우 중요한 의미를 가진다고 하겠다. 요약하면, 중간 그룹의 학생들이 상으로 가는데 있어 매우 중요한 변별자 역할을 한다는 의미이며, 하의 그룹이 중으로 가는 변별자가 된다는 결론은 내릴 수 없다. 그 이유는 하 그룹의 학생들이 보여준 회피전략 때문에 오류의 빈도를 그대로 받아들이기에는 무리가 있다. 하 그룹의 학생들을 중으로 실력을 상승시킬 수 있는 방법에 관심이 있다면, 학생들의 영작 단어수를 통제하는 것이 매우 중요한 사실임을 알 수 있었다.

3. 내용 오류

3.1. 내용 오류와 작문 능력

Matrix Nodes	X1=상 (51-60)	X1=중상 (41-50)	X1=중하 (31-40)	X1=하 (30이하)	합계
(39 9) /Content/meaning	30	235	188	12	465
(39 1) /Content/usage	29	82	70	5	186
(39 14 2) /Content/sentence/Conjunction +S+V,S+V~	15	54	67	5	141
(39 5) /Content/word choice	17	63	44	9	133

Matrix Nodes	X1=상 (51-60)	X1=중상 (41-50)	X1=중하 (31-40)	X1=하 (30이하)	합계
(39 14 3) /Content/sentence/S+V, conjunction S+V~	8	51	34	4	97
(39 14 5) /Content/sentence/S+V~	4	13	23	2	42
(39 12) /Content/style	2	15	3	1	21
(39 26) /Content/redundancy	2	10	4	2	18
(39 14 4) /Content/sentence/S+V+O~	1	7	4	0	12
(39 14 1) /Content/sentence/S+V+SC	1	4	6	0	11
(39 21) /Content/logic	0	5	0	0	5
(39 14) /Content/sentence	0	3	0	0	3
(39 14 6) /Content/sentence/S+V+IO+DO	0	3	0	0	3
(39) /Content	0	0	0	0	0

위의 표에서 작문 능력에 따라 학생들의 작문 오류를 분류해 볼 때, 오류 빈도가 가장 높은 것은 의미, 관용용법, 접속사(종속 접속사), 그리고 단어 선택임을 알 수 있다. 문법 능력이 중인 학생들의 오류가 가장 많은 것으로 보아 상으로 가는 발달 단계로 볼 수 있다. 그리고, 내용 오류 영역에서도 하에 속하는 학생들은 회피 전략을 사용하다 보니 중이나 상의 학생들보다도 오히려 적은 오류수를 보이고 있는 것을 알 수 있다.

3.2. 내용 오류와 단어 능력

Matrix Nodes	X2=상 (15-20)	X2=중상 (11-14)	X2=중하 (6-10)	X2=하 (6이하)	합계
(39 9) /Content/meaning	37	136	276	16	97
(39 1) /Content/usage	27	67	87	5	42
(39 14 2) /Content/sentence/Conjunction +S+V, S+V~	17	52	63	9	21
(39 5) /Content/word choice	16	37	73	7	18
(39 14 3) /Content/sentence/S+V, conjunction S+V~	15	41	37	4	12
(39 14 5) /Content/sentence/S+V~	4	15	23	0	11
(39 12) /Content/style	2	1	17	1	5

Matrix Nodes	X2=상 (15-20)	X2=중상 (11-14)	X2=중하 (6-10)	X2=하 (6이하)	합계
(39 26) /Content/redundancy	1	10	5	2	97
(39 14 4) /Content/sentence/S+V+O~	2	3	6	1	42
(39 14 1) /Content/sentence/S+V+SC	1	4	6	0	21
(39 21) /Content/logic	0	0	5	0	18
(39 14) /Content/sentence	0	1	2	0	12
(39 14 6) /Content/sentence/S+V+IO+DO	0	1	2	0	11
(39) /Content	0	0	0	0	5

위의 표에서 단어 능력에 따라 학생들의 작문 오류를 분류해 볼 때, 오류 빈도가 가장 높은 것은 의미, 관용용법, 접속사(종속 접속사), 그리고 단어 선택임을 알 수 있다. 문법 능력이 중인 학생들의 오류가 가장 많은 것으로 보아 상으로 가는 발달 단계로 볼 수 있다.

3.3. 내용 오류와 독해 능력

Matrix Nodes	X3=상 (16-20)	X3=중상 (11-15)	X3=중하 (6-10)	X3=하 (6이하)	합계
(39 9) /Content/meaning	8	211	168	78	97
(39 1) /Content/usage	8	85	60	33	42
(39 14 2) /Content/sentence/Conjunction +S+V,S+V~	6	60	51	24	21
(39 5) /Content/word choice	3	50	45	35	18
(39 14 3) /Content/sentence/S+V, conjunction S+V~	1	44	32	20	12
(39 14 5) /Content/sentence/S+V~	2	19	15	6	11
(39 12) /Content/style	0	6	5	10	5
(39 26) /Content/redundancy	0	10	5	3	
(39 14 4) /Content/sentence/S+V+O~	0	3	7	2	
(39 14 1) /Content/sentence/S+V+SC	0	6	3	2	
(39 21) /Content/logic	0	0	1	4	
(39 14) /Content/sentence	0	0	1	2	
(39 14 6) /Content/sentence/S+V+IO+DO	0	1	1	1	
(39) /Content	0	0	0	0	

위의 표에서 독해 능력에 따라 학생들의 작문 오류를 분류해 볼 때, 오류 빈도가 가장 높은 것은 의미, 관용용법, 접속사(종속 접속사), 그리고 단어 선택임을 알 수 있다. 문법 능력이 중인 학생들의 오류가 가장 많은 것으로 보아 상으로 가는 발달 단계로 볼 수 있다.

3.4. 내용 오류와 기본문 5형식

Matrix Nodes	X4=상 (21-25)	X4=중상 (11-20)	X4=중하 (6-10)	X4=하 (5이하)	합계
(39 9) /Content/meaning	140	213	112	0	465
(39 1) /Content/usage	58	91	37	0	186
(39 14 2) /Content/sentence/Conjunction +S+V,S+V~	28	72	41	0	141
(39 5) /Content/word choice	37	58	38	0	133
(39 14 3) /Content/sentence/S+V, conjunction S+V~	34	35	28	0	97
(39 14 5) /Content/sentence/S+V~	10	16	16	0	42
(39 12) /Content/style	13	6	2	0	21
(39 26) /Content/redundancy	8	7	3	0	18
(39 14 4) /Content/sentence/S+V+O~	5	6	1	0	12
(39 14 1) /Content/sentence/S+V+SC	5	3	3	0	11
(39 21) /Content/logic	0	5	0	0	5
(39 14) /Content/sentence	1	2	0	0	3
(39 14 6) /Content/sentence/S+V+IO+DO	1	2	0	0	3
(39) /Content	0	0	0	0	0

위의 표에서 기본문 5형식 식별 능력에 따라 학생들의 작문 오류를 분류해 볼 때, 오류 빈도가 가장 높은 것은 의미, 관용용법, 접속사(종속 접속사), 그리고 단어 선택임을 알 수 있다. 문법 능력이 중인 학생들의 오류가 가장 많은 것으로 보아 상으로 가는 발달 단계로 볼 수 있다.

3.5. 내용 오류와 주어 동사 식별 능력

Matrix Nodes	X5=상 (40-44)	X5=중상 (31-39)	X5=중하 (21-30)	X5=하 (20이하)	합계
(39 9) /Content/meaning	248	131	65	21	465
(39 1) /Content/usage	89	74	11	12	186
(39 14 2) /Content/sentence/Conjunction +S+V,S+V~	62	49	20	10	141
(39 5) /Content/word choice	61	54	9	9	133
(39 14 3) /Content/sentence/S+V, conjunction S+V~	31	49	3	14	97
(39 14 5) /Content/sentence/S+V~	18	16	7	1	42
(39 12) /Content/style	9	11	1	0	21
(39 26) /Content/redundancy	12	4	0	2	18
(39 14 4) /Content/sentence/S+V+O~	7	2	2	1	12
(39 14 1) /Content/sentence/S+V+SC	7	4	0	0	11
(39 21) /Content/logic	0	5	0	0	5
(39 14) /Content/sentence	1	2	0	0	3
(39 14 6) /Content/sentence/S+V+IO+DO	1	2	0	0	3
(39) /Content	0	0	0	0	0

위의 표에서 주어 동사 식별 능력에 따라 학생들의 작문 오류를 분류해 볼 때, 오류 빈도가 가장 높은 것은 의미, 관용용법, 접속사(종속 접속사), 그리고 단어 선택임을 알 수 있다. 문법 능력이 중인 학생들의 오류가 가장 많은 것으로 보아 상으로 가는 발달 단계로 볼 수 있다.

3.6. 내용 오류와 단문 식별 능력

Matrix Nodes	상	중	하	합계
(39 9) /Content/meaning	223	180	62	465
(39 1) /Content/usage	112	54	20	186
(39 14 2) /Content/sentence/Conjunction+S+V, S+V~	70	52	19	141

Matrix Nodes	상	중	하	합계
(39 5) /Content/word choice	66	53	14	133
(39 14 3) /Content/sentence/S+V, conjunction S+V~	52	27	18	97
(39 14 5) /Content/sentence/S+V~	22	17	3	42
(39 12) /Content/style	19	1	1	21
(39 26) /Content/redundancy	12	4	2	18
(39 14 4) /Content/sentence/S+V+O~	8	2	2	12
(39 14 1) /Content/sentence/S+V+SC	7	4	0	11

위의 표에서 단문 식별 능력에 따라 학생들의 작문 오류를 분류해 볼 때, 오류 빈도가 가장 높은 것은 의미, 관용용법, 접속사(종속 접속사), 그리고 단어 선택임을 알 수 있다. 본 연구에 참여한 학생들 중에서 단문 식별 능력에서는 상에 속한 학생들이 의미, 관용용법, 접속사(종속 접속사), 그리고 단어 선택 모두에서 중의 그룹보다도 더 많은 오류를 범하고 있는 것으로 보아 내용 오류 측면에서 학생들의 영작 실력을 단문 식별 능력이 나누어 주는 분기점이 되지 못하고 있는 것을 의미한다.

3.7. 내용 오류와 정동사 식별 능력

Matrix Nodes	X7=상 (21-25)	X7=중상 (16-20)	X7=중하 (11-15)	X7=하 (10이하)	합계
(39 9) /Content/meaning	272	121	70	2	465
(39 1) /Content/usage	112	44	28	2	186
(39 14 2) /Content/sentence/Conjunction +S+V,S+V~	61	44	36	0	141
(39 5) /Content/word choice	72	38	21	2	133
(39 14 3) /Content/sentence/S+V, conjunction S+V~	48	29	20	0	97
(39 14 5) /Content/sentence/S+V~	20	14	8	0	42
(39 12) /Content/style	9	5	7	0	21
(39 26) /Content/redundancy	10	5	3	0	18

Matrix Nodes	X7=상 (21-25)	X7=중상 (16-20)	X7=중하 (11-15)	X7=하 (10이하)	합계
(39 14 4) /Content/sentence/S+V+O~	10	1	1	0	12
(39 14 1) /Content/sentence/S+V+SC	7	2	2	0	11
(39 21) /Content/logic	0	5	0	0	5
(39 14) /Content/sentence	3	0	0	0	3
(39 14 6) /Content/sentence/S+V+IO+DO	1	2	0	0	3
(39) /Content	0	0	0	0	0

위의 표에서 정동사 식별 능력에 따라 학생들의 작문 오류를 분류해 볼 때, 오류 빈도가 가장 높은 것은 의미, 관용용법, 접속사(종속 접속사), 그리고 단어 선택임을 알 수 있다. 본 연구에 참여한 학생들 중에서 단문 식별 능력에서는 상에 속한 학생들이 의미, 관용용법, 접속사(종속 접속사), 그리고 단어 선택 모두에서 중의 그룹보다도 더 많은 오류를 범하고 있는 것으로 보아 내용 오류 측면에서 학생들의 영작 실력을 정동사 식별 능력이 나누어 주는 분기점이 되지 못하고 있는 것을 의미한다.

3.8. 내용 오류와 수일치 식별 능력

Matrix Nodes	X8=상 (16-20)	X8=중상 (11-15)	X8=중하 (6-10)	X8=하 (6이하)	합계
(39 9) /Content/meaning	386	20	59	0	465
(39 1) /Content/usage	156	10	20	0	186
(39 14 2) /Content/sentence/Conjunction +S+V,S+V~	107	8	26	0	141
(39 5) /Content/word choice	105	7	21	0	133
(39 14 3) /Content/sentence/S+V, conjunction S+V~	83	3	11	0	97
(39 14 5) /Content/sentence/S+V~	27	2	13	0	42
(39 12) /Content/style	20	1	0	0	21
(39 26) /Content/redundancy	17	0	1	0	18
(39 14 4) /Content/sentence/S+V+O~	12	0	0	0	12
(39 14 1) /Content/sentence/S+V+SC	8	0	3	0	11

Matrix Nodes	X8=상 (16-20)	X8=중상 (11-15)	X8=중하 (6-10)	X8=하 (6이하)	합계
(39 21) /Content/logic	5	0	0	0	5
(39 14) /Content/sentence	3	0	0	0	3
(39 14 6) /Content/sentence/S+V+IO+DO	3	0	0	0	3
(39) /Content	0	0	0	0	0

위의 표에서 수일치 식별 능력에 따라 학생들의 작문 오류를 분류해 볼 때, 오류 빈도가 가장 높은 것은 의미, 관용용법, 접속사(종속 접속사), 그리고 단어 선택임을 알 수 있다. 본 연구에 참여한 학생들 중에서 수일치 식별 능력에서는 상에 속한 학생들이 의미, 관용용법, 접속사(종속 접속사), 그리고 단어 선택 모두에서 중의 그룹보다도 더 많은 오류를 범하고 있는 것으로 보아 내용 오류 측면에서 학생들의 영작 실력을 수일치 식별 능력이 나누어 주는 분기점이 되지 못하고 있는 것을 의미한다.

3.9. 내용 오류와 내용 1 식별 능력

Matrix Nodes	X9=상 (16-20)	X9=중상 (11-15)	X9=중하 (6-10)	X9=하 (6이하)	합계
(39 9) /Content/meaning	241	161	20	43	465
(39 1) /Content/usage	120	41	3	22	186
(39 14 2) /Content/sentence/Conjunction +S+V,S+V~	79	38	1	23	141
(39 5) /Content/word choice	69	40	2	22	133
(39 14 3) /Content/sentence/S+V, conjunction S+V~	58	22	2	15	97
(39 14 5) /Content/sentence/S+V~	23	15	0	4	42
(39 12) /Content/style	10	1	0	10	21
(39 26) /Content/redundancy	11	2	0	5	18
(39 14 4) /Content/sentence/S+V+O~	9	2	0	1	12
(39 14 1) /Content/sentence/S+V+SC	6	3	0	2	11
(39 21) /Content/logic	0	4	0	1	5
(39 14) /Content/sentence	3	0	0	0	3
(39 14 6) /Content/sentence/S+V+IO+DO	1	1	0	1	3

위의 표에서 내용 1(관용용법, 중복, 논리, 스타일) 식별 능력에 따라 학생들의 작문 오류를 분류해 볼 때, 오류 빈도가 가장 높은 것은 의미, 관용용법, 접속사(종속 접속사), 그리고 단어 선택임을 알 수 있다. 본 연구에 참여한 학생들 중에서 내용 1(관용용법, 중복, 논리, 스타일) 식별 능력에서는 상에 속한 학생들이 의미, 관용용법, 접속사 종속 접속사), 그리고 단어 선택 모두에서 중의 그룹보다도 더 많은 오류를 범하고 있는 것으로 보아 내용 오류 측면에서 학생들의 영작 실력을 내용 1(관용용법, 중복, 논리, 스타일) 식별 능력이 나누어 주는 분기점이 되지 못하고 있는 것을 의미한다.

3.10. 내용 오류와 내용 2 식별 능력

Matrix Nodes	X10=상 (16-20)	X10=중상 (11-15)	X10=중하 (6-10)	X10=하 (6이하)	합계
(39 9) /Content/meaning	74	141	66	184	465
(39 1) /Content/usage	36	57	31	62	186
(39 14 2) /Content/sentence/Conjunction +S+V,S+V~	28	47	20	46	141
(39 5) /Content/word choice	29	44	19	41	133
(39 14 3) /Content/sentence/S+V, conjunction S+V~	22	29	18	28	97
(39 14 5) /Content/sentence/S+V~	10	8	7	17	42
(39 12) /Content/style	2	9	5	5	21
(39 26) /Content/redundancy	3	9	2	4	18
(39 14 4) /Content/sentence/S+V+O~	2	5	3	2	12
(39 14 1) /Content/sentence/S+V+SC	1	3	2	5	11
(39 21) /Content/logic	0	4	0	1	5
(39 14) /Content/sentence	0	1	2	0	3
(39 14 6) /Content/sentence/S+V+IO+DO	0	2	0	1	3

위의 표에서 내용 2(대문자, 콤마, 병렬구조, 마침표) 식별 능력에 따라 학생들의 작문 오류를 분류해 볼 때, 오류 빈도가 가

장 높은 것은 의미, 관용용법, 접속사(종속 접속사), 그리고 단어 선택임을 알 수 있다. 본 연구에 참여한 학생들 중에서 내용 2(대문자, 콤마, 병렬구조, 마침표) 식별 능력에서는 중에 속한 학생들이 의미, 관용용법, 접속사(종속 접속사), 그리고 단어 선택 모두에서 중의 그룹보다도 더 많은 오류를 범하고 있는 것으로 보아 내용 오류 측면에서 학생들의 영작 실력을 내용 2(대문자, 콤마, 병렬구조, 마침표) 식별 능력이 나누어 주는 분기점이 되고 있으며 이 영역에 대한 지도가 내용 2(대문자, 콤마, 병렬구조, 마침표) 식별 능력이 중에 있는 그룹에게는 무엇보다도 필요한 것을 알 수가 있다.

3.11. 내용 오류와 내용 3 식별 능력

Matrix Nodes	X11=상 (21-25)	X11=중상 (19-20)	X11=중하 (15-18)	X11=하 (14이하)	합계
(39 9) /Content/meaning	147	29	95	194	465
(39 1) /Content/usage	87	11	28	60	186
(39 14 2) /Content/sentence/Conjunction +S+V,S+V~	53	5	25	58	141
(39 5) /Content/word choice	57	14	23	39	133
(39 14 3) /Content/sentence/S+V, conjunction S+V~	44	9	21	23	97
(39 14 5) /Content/sentence/S+V~	18	1	4	19	42
(39 12) /Content/style	4	0	2	15	21
(39 26) /Content/redundancy	8	0	4	6	18
(39 14 4) /Content/sentence/S+V+O~	6	1	0	5	12
(39 14 1) /Content/sentence/S+V+SC	5	0	1	5	11
(39 21) /Content/logic	1	4	0	0	5
(39 14) /Content/sentence	3	0	0	0	3
(39 14 6) /Content/sentence/S+V+IO+DO	2	1	0	0	3

위의 표에서 관용용법 식별 능력에 따라 학생들의 작문 오류를 분류해 볼 때, 오류 빈도가 가장 높은 것은 의미, 관용용법, 접속

사(종속 접속사), 그리고 단어 선택임을 알 수 있다. 본 연구에 참여한 학생들 중에서 관용-용법 식별 능력에서는 상에 속한 학생들이 의미, 관용-용법, 접속사(종속 접속사), 그리고 단어 선택 모두에서 중의 그룹보다도 더 많은 오류를 범하고 있는 것으로 보아 내용 오류 측면에서 학생들의 영작 실력을 관용 용법 식별 능력이 나누어 주는 분기점이 되지 못하고 있는 것을 의미한다.

3.12. 내용 오류와 구조식별 능력

Matrix Nodes	X12=상 (16-20)	X12=중상 (11-15)	X12=중하 (6-10)	X12=하 (6이하)	합계
(39 9) /Content/meaning	350	54	58	3	465
(39 1) /Content/usage	143	28	8	7	186
(39 14 2) /Content/sentence/Conjunction +S+V,S+V~	88	32	20	1	141
(39 5) /Content/word choice	95	25	10	3	133
(39 14 3) /Content/sentence/S+V, conjunction S+V~	62	30	2	3	97
(39 14 5) /Content/sentence/S+V~	27	7	7	1	42
(39 12) /Content/style	10	10	1	0	21
(39 26) /Content/redundancy	13	4	0	1	18
(39 14 4) /Content/sentence/S+V+O~	11	0	1	0	12
(39 14 1) /Content/sentence/S+V+SC	7	3	1	0	11
(39 21) /Content/logic	4	1	0	0	5
(39 14) /Content/sentence	3	0	0	0	3
(39 14 6) /Content/sentence/S+V+IO+DO	2	1	0	0	3

위의 표에서 구조식별 능력에 따라 학생들의 작문 오류를 분류해 볼 때, 오류 빈도가 가장 높은 것은 의미, 관용-용법, 접속사(종속 접속사), 그리고 단어 선택임을 알 수 있다. 본 연구에 참여한 학생들 중에서 구조식별 능력에서는 상에 속한 학생들이 의미, 관용-용법, 접속사(종속 접속사), 그리고 단어 선택 모두에

서 중의 그룹보다도 더 많은 오류를 범하고 있는 것으로 보아 내용 오류 측면에서 학생들의 영작 실력을 구조식별 능력이 나누어 주는 분기점이 되지 못하고 있는 것을 의미한다.

3.13. 내용 오류와 문법 평가

Matrix Nodes	Y1=상 (3)	Y1=중 (2)	Y1=하 (1)	합계
(39 9) /Content/meaning	38	212	215	465
(39 1) /Content/usage	21	93	72	186
(39 14 2) /Content/sentence/Conjunction+S+V, S+V~	15	66	60	141
(39 5) /Content/word choice	10	73	50	133
(39 14 3) /Content/sentence/S+V, conjunction S+V~	10	52	35	97
(39 14 5) /Content/sentence/S+V~	0	16	26	42
(39 12) /Content/style	1	5	15	21
(39 26) /Content/redundancy	2	13	3	18
(39 14 4) /Content/sentence/S+V+O~	0	8	4	12
(39 14 1) /Content/sentence/S+V+SC	0	4	7	11
(39 21) /Content/logic	0	4	1	5
(39 14) /Content/sentence	0	3	0	3
(39 14 6) /Content/sentence/S+V+IO+DO	0	2	1	3

위의 표에서 문법 평가 능력에 따라 학생들의 작문 오류를 분류해 볼 때, 오류 빈도가 가장 높은 것은 의미, 관용용법, 접속사(종속 접속사), 그리고 단어 선택임을 알 수 있다. 문법 평가 능력이 중인 학생들의 오류가 가장 많은 것으로 보아 상으로 가는 발달 단계로 볼 수 있다.

3.14. 내용 오류와 내용 평가

Matrix Nodes	Y2=상 (3)	Y2=중 (2)	Y2=하 (1)	합계
(39 9) /Content/meaning	36	243	186	465
(39 1) /Content/usage	17	93	76	186
(39 14 2) /Content/sentence/Conjunction+S+V, S+V~	13	64	64	141
(39 5) /Content/word choice	6	65	62	133
(39 14 3) /Content/sentence/S+V, conjunction S+V~	10	38	49	97
(39 14 5) /Content/sentence/S+V~	0	18	24	42
(39 12) /Content/style	1	8	12	21
(39 26) /Content/redundancy	2	12	4	18
(39 14 4) /Content/sentence/S+V+O~	0	7	5	12
(39 14 1) /Content/sentence/S+V+SC	0	7	4	11
(39 21) /Content/logic	0	0	5	5
(39 14) /Content/sentence	0	3	0	3
(39 14 6) /Content/sentence/S+V+IO+DO	0	1	2	3

위의 표에서 내용 평가 능력에 따라 학생들의 작문 오류를 분류해 볼 때, 오류 빈도가 가장 높은 것은 의미, 관용용법, 접속사(종속 접속사), 그리고 단어 선택임을 알 수 있다. 내용 평가 능력이 중인 학생들의 오류가 가장 많은 것으로 보아 상으로 가는 발달 단계로 볼 수 있다.

3.15. 내용 오류와 구조 평가

Matrix Nodes	Y3=상 (3)	Y3=중 (2)	Y3=하 (1)	합계
(39 9) /Content/meaning	1	172	292	465
(39 1) /Content/usage	3	84	99	186
(39 14 2) /Content/sentence/Conjunction+S+V, S+V~	2	55	84	141
(39 5) /Content/word choice	0	63	70	133

Matrix Nodes	Y3=상 (3)	Y3=중 (2)	Y3=하 (1)	합계
(39 14 3) /Content/sentence/S+V, conjunction S+V~	3	53	41	97
(39 14 5) /Content/sentence/S+V~	0	18	24	42
(39 12) /Content/style	1	3	17	21
(39 26) /Content/redundancy	0	5	13	18
(39 14 4) /Content/sentence/S+V+O~	0	4	8	12
(39 14 1) /Content/sentence/S+V+SC	0	5	6	11
(39 21) /Content/logic	0	5	0	5
(39 14) /Content/sentence	0	2	1	3
(39 14 6) /Content/sentence/S+V+IO+DO	0	2	1	3

위의 표에서 구조 평가 식별 능력에 따라 학생들의 작문 오류를 분류해 볼 때, 오류 빈도가 가장 높은 것은 의미, 관용용법, 접속사(종속 접속사), 그리고 단어 선택임을 알 수 있다. 구조 평가 식별 능력이 중인 학생들의 오류가 가장 많은 것으로 보아 상으로 가는 발달 단계로 볼 수 있다.

연구에서 지정한 12개의 변수 중에서 단문, 정동사, 수일치, 관용용법, 중복, 논리, 스타일, 대문자, 콤마, 병렬구조, 마침표, 관용용법, 구조식별 능력은 작문 평가 영역 중에서 특히 내용 오류 영역에서는 학생들의 실력에 관계 없이 많은 오류가 나타나는 영역으로 학생들의 능력에 관계없이 모든 학생들에게 중점적으로 지도가 되어야 한다.

그러나, 작문, 단어, 독해 능력, 기본문 5형식, 주어 동사 식별 능력, 문법, 내용, 그리고 구조 평가는 내용 오류 영역에서 학생들의 능력에 따라 서로 다른 오류 빈도를 보여 주는 것으로 보아, 현장에서 교사가 학생들에게 내용 능력을 증대 시키려면 학생들의 능력에 따라 반드시 지도해야하는 영역의 변수로 파악이 되었다.

<부록 1>

연구에서 사용한 시험지 견본

X1. 전반적인 문법, 구조, 내용 영역 능력 테스트

After each statement write True or False in the space at the right.

1. An adjective can modify a pronoun.
2. An adjective can modify another adjective.
3. Adverbs modify more kinds of words than adjectives.
4. The object of a preposition can be a noun or a pronoun.
5. A sentence can contain both an adjective phrase and an adverb phrase.
6. A simple sentence may have a compound subject.
7. Any clause makes good sense when it stands alone.
8. An adverb clause can frequently be moved in a sentence.
9. A clause signal is used to begin an adverb, not an adjective, clause.
10. A sentence that can be divided into two or more separate sentences is a complex sentence.

Indicate the pattern of each sentence by writing one of the following letters: [2points each]

A = Subject - Verb
B = Subject - Verb → Direct Object
C = Subject - Linking Verb ← Subject Complement

11. The rules of the game have been changed.
12. The speaker looked nervous.
13. We ordered flowers for the party.
14. Mount McKinley is the highest peak in North America.
15. A car in the right lane skidded.

Eliminate the and by changing the italicized statement to the kind of word group indicated in the parentheses. Rewrite each sentence.: [3points each]

16. We went to bed late, and we couldn't get up for breakfast. (adverb clause)
17. The batter hit a fly ball, and I caught it. (adjective clause)
18. He realized that he was lost, and he asked us for directions. (-ing word group)

[1point each]

19. Mother spoke softly, and she was very angry. (adverb clause)
20. In Venice we saw the Grand Canal, and it is the city's main thoroughfare.

Identify each word group, using the following letters: [1point each]

F = Fragment S = Sentence R S = Run-on Sentence

21. We watched the chess match, it ended in a draw.
22. Being of sound mind and sound body.
23. First she studied medicine, then she turned to law.
24. We drove to San Diego Bay, which is an inlet of the Pacific.
25. A day that I shall never forget.
26. After I saw the movie, I decided to read the book.

Copy the correct word in each pair: [1point each]

27. We (run, ran) out of gas on the way to the beach.
28. Ann had (lain, laid) her books on the end table.
29. We should have (taken, took) the last exit.
30. Dad has (driven, drove) cross-country twice.
31. Why don't you (leave, let) her do her work?
32. Our puppy has (tore, torn) the bedroom curtains.
33. After lunch Uncle Lou (laid, lay) down for a nap.
34. The axle of the car was (broken, broke) in the accident.
35. Harry's aunt (give, gave) him a watch for his birthday.
36. I should have (written, wrote) sooner.
37. Here (is, are) the books I promised you.
38. Jean always has (a, an) excuse for being late.
39. The bus company must (of, have) changed the schedule.
40. One of our neighbors (owns, own) a dachshund.
41. The cello or the viola (need, needs) to be tuned.
42. The windows of my apartment (face, faces) south.
43. Oil (doesn't, don't) mix with water.

44. Each of the dresses (were, was) unusual.
45. These shoes fit (well, good).
46. This peach is (riper, more riper) than the other.
47. Marge plays the piano (skillful, skillfully).
48. The situation looks (bad, badly) to me.
49. We were served (prompt, promptly) in the restaurant.
50. (Their, They're) luggage was sent to the wrong hotel.
51. They made (theirselves, themselves) at home.
52. Do you know (whose, who's) bicycle this is?
53. The Mortons and (we, us) rented a cabin for the summer.
54. Let's keep this a secret between you and (I, me).
55. The Bartons and (they, them) took the same train.
56. (We, Us) girls collected clothing for the flood victims.
57. John is as fine a musician as (him, he).
58. I (couldn't, could) hardly catch my breath.
59. We didn't see (anybody, nobody) we knew at the party.

Write the letter of the sentence in which capitals are used correctly: [2points each]

60. a. Every summer my aunt Margaret attends the Shakespeare Festival in Central park.
    b. Every summer my Aunt Margaret attends the Shakespeare Festival in Central Park.
    c. Every Summer my Aunt Margaret attends the Shakespeare festival in Central Park.
61. a. During the Christmas Concert, our Chorus presented selections from A Ceremony Of Carols.
    b. During the christmas concert, our chorus presented selections from A Ceremony of carols.

c. During the Christmas concert, our chorus presented selections from A Ceremony of Carols.

62. a. The Beacon Construction Company finished the left wing of Kingsley Junior High School on Thursday.
b. The Beacon Construction company finished the left wing of Kingsley Junior High school on Thursday.
c. The Beacon construction company finished the left wing of Kingsley junior high school on thursday.

Write the letter of the sentence that does not have an error In the use of apostrophes: [2points each]

63. a. Our dog does'nt like to eat its food alone.
b. Our dog doesn't like to eat its food alone.
c. Our dog doesn't like to eat it's food alone.
64. a. The children's clothes cost more than our's.
b. The childrens' clothes cost more than ours.
c. The children's clothes cost more than ours.
65. a. All the students' compositions are on the teacher's desk.
b. All the student's compositions are on the teachers' desk.
c. All the students' compositions are on the teachers' desk.

Write the letter of the sentence which is correctly punctuated: [2points each]

66. a. On March 10, 1876, Alexander Graham Bell inventor of thc telephone transmitted the first spoken message electrically.
b. On March 10, 1876, Alexander Graham Bell, inventor of the telephone, transmitted the first spoken message electrically.
c. On March 10, 1876, Alexander Graham Bell inventor of the

telephone, transmitted the first spoken message electrically.

67. a. While the roast was in the oven, Mrs. Gray drew up the outline, wrote the preface, and completed an opening chapter for her new book.
    b. While the roast was in the oven, Mrs. Gray drew up the outline, wrote the preface, and completed an opening chapter, for her new book.
    c. While the roast was in the oven Mrs. Gray drew up the outline, wrote the preface, and completed an opening chapter, for her new book.
68. a. Harry is right of course, to defend his position, but he should give us some more facts to go on.
    b. Harry is right, of course, to defend his position but he should give us some more facts to go on.
    c. Harry is right, of course, to defend his position, but he should give us some more facts to go on.
69. a. Dr. Fredericks opened her wallet and took out her driver's license, and voter's registration card.
    b. Dr. Fredericks opened her wallet, and took out her driver's license and voter's registration card.
    c. Dr. Fredericks opened her wallet and took out her driver's license and voter's registration card.
70. a. Please remember Susan, that you must lower the heat after the soup comes to a boil.
    b. Please remember, Susan, that you must lower the heat after the soup comes to a boil.
    c. Please remember, Susan, that you must lower the heat, after the soup comes to a boil.
71. a. Marie said 'I'd like a second helping of pie.'
    b. Marie said, 'I'd like a second helping of pie.'
    c. Marie said, 'I'd like a second helping of pie.'

72. a. 'How can you eat so much?' asked Jerry.
    b. 'How can you eat so much? asked Jerry.'
    c. 'How can you eat so much,' asked Jerry?

X2. 단어 능력 퀴즈

1. Mollusks, soft-bodied aquatic shellfish, are among the most <u>abundant</u> sources of animal protein.
   (A) fragile (B) plentiful
   (C) careful (D) tranquil

2. Some crystals emit visible light when <u>struck</u> by ionizing particles.
   (A) hit (B) stuck
   (C) passed (D) burned

3. The main characteristics of Horatio Alger's books always rise from poverty to <u>riches</u>.
   (A) maturity (B) wisdom
   (C) status (D) wealth

4. The meadowlark chooses a grassy location for its nest, which is built <u>right</u> on the turf.
   (A) rapidly (B) crookedly
   (C) directly (D) securely

5. The most famous Shoshone Indian was Sacagawea-the woman who accompanied Lewis and Clark on their exploration of the upper Missouri River.

(A) traveled with (B) argued with
(C) defended (D) avoided

6. Spearmint oil is distilled flavoring chewing gum and candy and used as a disguise for disagreeable tastes in medicines.

(A) unfortunate (B) distinctive
(C) unpleasant (D) multiple

7. An individual who tells an untruth that is likely to injure the good name of another individual may be charged with slander.

(A) reputation (B) welfare
(C) property (D) business

8. Inside the Lincoln Memorial is an immense statue of Abraham Lincoln by Daniel Chester French.

(A) a perfect (B) an admirable
(C) an enormous (D) a marble

9. Because mild analgesics are readily assimilated from the gastrointestinal tract, they are usually given by mouth.

(A) briefly (B) narrowly
(C) evenly (D) quickly

10. Part-time employment gives students valuable experience arid sometimes enables them to pay their college tuition.
    (A) reminds (B) forces
    (C) invites (D) allows

11. Julia Margaret Cameron was among the pioneers in a new kind of portrait photography the close-up.
    (A) originators of (B) champions in
    (C) experts in (D) publishers of

12. Many factory workers find their jobs tiresome.
    (A) difficult (B) pointless
    (C) profitable (D) boring

13. In aerospace programs, helium is used to chill rocket engines prior to the launch.
    (A) cool (B) fuel
    (C) test (D) lift

14. The operation of the electric typewriter requires less effort than the manual machine.
    (A) maintenance (B) exertion
    (C) preparation (D) confidence

15. William Penn, the founder of Pennsylvania, vigorously defended the right of every citizen to freedom of choice in religion.
    (A) strongly (B) justifiably
    (C) initially (D) violently

16. Amphibians have moist, scaleless skin that may be either soft and smooth or <u>rough</u> and gritty.

    (A) slick (B) coarse
    (C) flabby (D) smelly

17. By 1900 Annie Smith Peck had climbed twenty major mountains of the world and was <u>wholeheartedly</u> acclaimed as an international mountaineer.

    (A) understandably (B) subsequently
    (C) informally (D) enthusiastically

18. In the Gothic novel, emphasis is placed on <u>setting</u> and plot, rather than on character development.

    (A) action (B) mystery
    (C) dialogue (D) scene

19. Ravaged by pollution and war, many famous monuments have become eroded and <u>stained</u>.

    (A) discolored (B) dismembered
    (C) discredited (D) displaced

20. Pendulums are used to regulate motion in some scientific equipment.

    (A) laboratories (B) measurements
    (C) apparatuses (D) experiments

X3. 독해능력 퀴즈

Questions 1-5

(This passage was written in 1986.)

From Boston to Los Angeles, from New York City to Chicago to Dallas, museums are either planning, building, or wrapping up wholesale expansion programs. These programs already have radically altered facades and floor plans or are expected to do so in the not-too-distant future.

In New York City alone, six major institutions have spread up and out into the air space and neighborhoods around them or are preparing to do so.

The reasons for this confluence of activity are complex, but one factor is a consideration everywhere space. With collections expanding, with the needs and functions of museums changing, empty space has become a very precious commodity.

Probably nowhere in the country is this more true than at the Philadelphia Museum of Art, which has needed additional space for decades and which received its last significant facelift ten years ago. Because of the space crunch, the Art Museum has become increasingly cautious in considering acquisitions and donations of art, in some cases passing up opportunities to strengthen its collections.

Deaccessing - or selling off - works of art has taken on new importance because of the museum's space problems. And increasingly, curators have been forced to juggle gallery space, rotating one masterpiece into public view while another is sent to storage.

Despite the clear need for additional gallery and storage

space, however, "the museum has no plan, no plan to break out of its envelope in the next fifteen years" according to Philadelphia Museum of Art's president.

1. Which of the following is NOT cited in the passage as a reason why most museums need more space?
   (A) Changing needs (B) More curators
   (C) Changing functions (D) Enlarged collections

2. In line 2, the phrase 'wrapping up' could best be replaced by?
   (A) questioning (B) discarding
   (C) finishing (D) avoiding

3. In line 12, the author uses the word 'facelift' to imply that the Philadelphia Museum of Art?
   (A) added portraits to its collection
   (B) reduced its staff
   (C) raised money for poor artists
   (D) was remodeled

4. It can be inferred from the passage that the Philadelphia Museum of Art only shows?
   (A) its largest paintings
   (B) a portion of its paintings
   (C) paintings by American artists
   (D) paintings it wants to sell

5. What has the Philadelphia Museum of Art been obliged to do because of insufficient space?
   (A) Hire fifteen curators to plan gallery displays
   (B) Strengthen its collection through donations
   (C) Be cautious in allowing the public to view its artwork
   (D) Be selective in accepting additional artwork

Questions 6-12

An important new industry, oil refining, grew after the Civil War. Crude oil, or petroleum- a dark, thick ooze from the earth- had been known for hundreds of years. But little use had ever been made of it. In the 1850's Samuel M. Kier, a manufacturer in western Pennsylvania, began collecting the oil from local seepages and refining it into kerosene. Refining, like smelting, is a process of removing impurities from a raw material.

Kerosene was used to light lamps. It was a cheap substitute for whale oil, which was

becoming harder to get. Soon there was a large demand for kerosene. People began to search for new supplies of petroleum.

The first oil well was drilled by E. L. Drake, a retired railroad conductor. In 1859 he began drilling in Titusville, Pennsylvania. The whole venture seemed so impractical and foolish that onlookers called it 'Drake's Folly.' But when he had drilled down about 70 feet (21 meters), Drake struck oil. His well began to yield 20 barrels of crude oil a day.

News of Drake's success brought oil prospectors to the scene. By the early 1860's these wildcatters were drilling for 'black gold' all over western Pennsylvania. The boom rivaled the California gold rush of 1848 in its excitement and Wild West atmosphere. And it brought far more wealth to the prospectors than any gold rush.

Crude oil could be refined into many products. For some years kerosene continued to be the principal one. It was sold in grocery stores and door-to-door. In the 1880's and 1890's refiners learned how to make other petroleum products such as waxes and lubricating oils. Petroleum was not then used to make gasoline or heating oil.

6. What is the best title for the passage?
   (A) Oil Refining: A Historical Perspective
   (B) The California Gold Rush: Get Rich Quickly
   (C) Private Property: Trespassers Will Be Prosecuted
   (D) Kerosene Lamps: A Light in the Tunnel

7. It can be inferred from the passage that kerosene was preferable to whale oil because whale oil was too?
   (A) expensive (B) thick
   (C) hot (D) polluted

8. According to the passage, many people initially thought that E. L. Drake had made a mistake by?
   (A) going on a whaling expedition
   (B) moving to Pennsylvania
   (C) searching for oil
   (D) retiring from his job

9. According to the passage, what is 'black gold'?
   (A) Whale oil (B) Gold ore
   (C) Stolen money (D) Crude oil

10. Why does the author mention the California gold rush?
   (A) To explain the need for an increased supply of gold
   (B) To indicate the extent of United States mineral wealth
   (C) To describe the mood when oil was first discovered
   (D) To argue that gold was more valuable than oil

11. The underlined word 'one' could best be replaced by which of the following words?
   (A) oil (B) door
   (C) store (D) product

12. The author mentions all of the following as possible products of crude oil EXCEPT
   (A) wax (B) gasoline
   (C) kerosene (D) plastic

Questions 13-18

Beavers, North America's largest rodents, appear to lead such exemplary lives that a trapper once rather romantically observed that 'beavers follow close to the line of the Ten Commandments' The Ten Commandments do not mention anything about building dams, lodges, and canals, however, and the beaver's penchant for doing so has got it into a lot of hot water lately. Fishing enthusiasts in the Midwest and New England are complaining about beaver dams that spoil streams for trout and, in the Southeast, lumber companies object whenever the animals flood out valuable stands of commercial timber. But some beaver experts champion a more charitable view. Historically, they say, this creature's impact on the environment has been tremendously significant, and its potential as a practical conservation resource is receiving more and more attention.

When it comes to modifying the landscape in a major way, the beaver ranks second only to humans among all living creatures. 'Some people think of the beaver the same way they think of the gypsy moth' said one scientist. 'They think it just comes through and eats and destroys. What they don't understand is the fact that for centuries this animal has controlled the character of the forests and streams that <u>it</u> occupies?'

13. Which of the following is the best title for this passage?
   (A) The Controversy over Beavers and the Environment
   (B) New England's Beaver Population
   (C) The Influence of Beavers on the Fishing Industry
   (D) Beavers and the Ten Commandments

14. The author refers to 'hot water' to indicate that beavers
   (A) are able to cook their food (B) are in trouble
   (C) have a form of plumbing (D) enjoy hot baths

15. From the passage, which of the following can be inferred about gypsy moths?
   (A) They conserve resources.
   (B) They build small dams.
   (C) They have a bad reputation.
   (D) They eat fish.

16. According to the passage, lumber companies complain because beavers?
    (A) attract other large rodents (B) ruin trout streams
    (C) destroy too many buildings (D) create floods in forests

17. According to the passage, which of the following cause the greatest changes in the environment?
    (A) Humans (B) Trout (C) Gypsy moths (D) Beavers

18. What does the underlined 'it' refer to?
    (A) A fact (B) A century (C) An animal (D) A character

Questions 19-20

The energy content of food s measured in calories. The calorie is defined as the heat energy needed to raise the temperature of I kilogram of water from 14.5 C to 15.5 C. The calorie used in nutrition is sometimes spelled with a capital 'C' to distinguish it from the much smaller energy calorie used in physics and chemistry, but it is more properly called the kilogram-calorie, or kilocalorie, because it is precisely 1,000 times the smaller unit, or gram-calorie. The energy content of food is stored in the chemical bonds that link its atoms and molecules.

19. What is the main subject of the passage?
    (A) A branch of chemistry (B) A type of food
    (C) A unit of energy (D) An alphabet system

20. What does the author define in lines 1-2?
    (A) The molecule (B) The kilogram
    (C) The kilocalorie (D) The gram-calorie

X4. 기본문 5형식 파악 능력

Does the sentence require a comma before the italicized conjunction? Write Yes the right: [4points each]

1. A wild duck rose from the pond *and* skimmed the treetops. 1 ______
2. My dad urged me not to buy the car *but* I was too excited to take his advice. 2 ______
3. There are no nearby playgrounds *and* the children are forced to play in the street. 3 ______
4. One can take the advice of experienced investors *or* learn the hard way by himself. 4 ______
5. Safety belts are required In all cars *but* does everybody wear them? 5 ______
6. The chipmunk paid no attention to me *but* continued to hunt for its breakfast. 6 ______
7. I wrote down the strange word *and* later looked it up in the dictionary. 7 ______
8. The team was at the bottom of the league *and* the attendance at games dropped steadily. 8 ______
9. Shutters were once a necessity *but* are now used only for decoration. 9 ______

10. A check must be properly endorsed *or* a bank will not cash it. 10 _______

Write the letter of the sentence that could be combined with the italicized sentence to pound sentence: [4points each]

11. *Our neighbors are always ready to help us.*
    a. We often go to their aid.
    b. Their children are about the same ages as we. 11 _______
12. *Archery is an ancient sport.*
    a. I like to play badminton.
    b. It is still popular today. 12 _______
13. *The bus service was slow.*
    a. I lived several miles from my school.
    b. I often had to wait more than half an hour. 13 _______
14. *Mexico is extremely mountainous.*
    a. Only small areas can be used for agriculture.
    b. Spanish and various Indian languages are spoken. 14 _______
15. *Mr. Ross was calm and collected after the collision.*
    a. He was driving a brand-new car.
    b. He didn't even raise his voice. 15 _______

Can you eliminate a word or two by changing the compound sentence to a simple sentence with a compound pound predicate? Write Yes or No in the space at the right: [4points each]

16. Mrs. Rosen was very generous with others, but she spent very little on herself. 16 _______
17. The parking lot was closed, and the attendant had already gone home for the night. 17 _______
18. Marge either didn't know about his gambling, or she pretended not to know. 18 _______
19. This book lists all the terms used in sports, and it explains their meaning very clearly. 19 _______
20. My movies could have been good, but I didn't hold the camera steady enough. 20 _______

Circle the letter of the sentence that is correctly punctuated: [4points each]

21. a. Most people approved of the ordinance; however, not enough people went to the polls to pass it.
    b. Most people approved of the ordinance, however, not enough people went to the polls to pass it.
22. a. Pulling the ends of an accordion apart draws in air, pushing the two ends together forces air out.
    b. Pulling the ends of an accordion apart draws in air; pushing the two ends together forces air out.
23. a. We had lost our first three games of the season; nevertheless, our morale still remained high.
    b. We had lost our first three games of the season, nevertheless, our morale still remained high.
24. a. The garage didn't have the needed part; and therefore we were marooned for three days in that town.
    b. The garage didn't have the needed part, and therefore we were marooned for three days in that town.

25. a. Susan hit a home run in the eighth inning; otherwise, we would have lost the game.
    b. Susan hit a home run in the eighth inning, otherwise, we would have lost the game.

X5. Grammar 영역: 주어와 동사

After each statement write True or False in the space at the right: [2points each]

1. Some action verbs make complete statements about their subjects.
2. A direct object usually means the same person or thing as the subject of the sentence.
3. An indirect object, if present, stands between the verb and the direct object.
4. If a verb is used as a linking verb, we can generally put some form of the verb be in its place.
5. After every linking verb we expect to find either a direct object or a subject complement.
6. A subject complement is so called because it describes or identifies the subject of the sentence.

Write the letter of the sentence in which the italicized word is used as an indirect object.

7. a. We taught several new tricks to our dog.
   b. We taught our dog several new tricks.
8. a. The company offered Dad a much better job.
   b. The company offered to my Dad a much better job.

9. a. The club bought their church a new organ.
   b. The club bought a new organ for their church.
10. a. My uncle taught Spanish to himself at home.
    b. My uncle taught himself Spanish at home.
11. a. I ordered my friend some printed stationery.
    b. I ordered for my friend some printed stationery.

Identify each italicized word, using the following letters: [3points for each sentence]

DO = Direct Object
IO = Indirect Object
SC = Subject Complement

12. Tom was the old butler in the last act.
13. The noise of the motors frightens the fish.
14. My friend did me a great favor.
15. The congestion on the highways has become very serious.
16. The women were discussing books and sports.
17. Good science fiction is both interesting and instructive.
18. I carried the letter in my pocket for several days.
19. Cartoons show people their weaknesses very forcefully.

Indicate the pattern of each sentence by writing one of the following letters: [3points each]

A = Subject - Action Verb
B = Subject - Action Verb → Direct Object
C = Subject - Action Verb - Indirect Object → Direct Object
D = Subject - Linking Verb ← Subject Complement

20. Some great discoveries of science were accidental.
21. Mrs. Jenkins showed us her beautiful guitar.
22. The captain of the other team objected.
23. The decision of the referee surprised the fans.
24. My mother made the boys some delicious doughnuts.
25. The dreams of today become the realities of tomorrow.
26. Several of the circus animals escaped.
27. The governor appointed several female judges.

Copy the two words in each line that are forms of the helping verb be.

28. do	was	are	not	must
29. am	can	will	were	seem
30. may	is	had	did	been

Copy the two words in each line that may be used as helping verbs: [1point for each word]

31. never	will	only	should	then
32. have	soon	make	become	could
33. did	still	can	really	always
34. lose	may	surely	almost	shall
35. and	stay	might	would	seem
36. must	very	then	has	more

Indicate the simple subject (or subjects) and the verb (or verbs) in each sentence: [2points for each sentence]

37. A tired old lion was lying in the corner of the cage.
38. Water evaporates from the earth and forms clouds.
39. A freshman or a sophomore had seldom won this prize.
40. The early show must have started already.
41. We suddenly saw the signal and stopped at once.
42. The smoke and water had damaged the merchandise.

X6. 문장의 유형

If the sentence Is compound, In the space provided, write the word that should be followed by a comma, and also write the needed comma. If it is not compound, write the letters N C (Not Compound): [2points each]

1. Mr. Worthington bought a box of candy for his wife but he ate most of it himself.
2. Mr. Worthington bought a box of candy for his wife but ate most of it himself.
3. The bus ride was long and monotonous and tired the children.
4. The bus ride was long and monotonous and the children became very restless.
5. We must buy a new car or repair our old one.
6. The advertising must be truthful or our newspaper will not print it.

One of each of the following pairs of compound sentences Is good because it combines similar ideas of equal Importance. The other Is poor because it combines unlike ideas. Write the letter of the good sentence: [2points each]

7. a. The suit was a bargain, but I had spent all my money.
   b. The suit was a bargain, and my friend had one like it.
8. a. Ken needed money for college, and his uncle owned a gas station.
   b. Ken needed money for college, and his uncle gave him a job.
9. a. We had turkey for dinner, and I prefer the dark meat.
   b. Dad prefers the light meat, and I prefer the dark.
10. a. Sally swims with great speed, and her stroke is flawless.
    b. Sally swims with great speed, and she has a new swimsuit.
11. a. Both teams are good, and the competition is keen.
    b. Both teams are good, and we beat Baxter High last year.

Write the conjunction which expresses the meaning more clearly: [2points each]

12. Boyd is excellent in English, (and, but) math has always troubled him.
13. I wrote the store a letter, (and, but) they answered it promptly.
14. Gibson is a good mechanic, (and, but) his prices are reasonable.
15. The painting is valued at a million dollars, (and, but) it is not for sale.
16. Gloria and Frank went by plane, (and, but) Kurt and Sue preferred to go by car.

Identify each italicized clause by writing Adjective or Adverb in the space at the right: [2points each]

17. When a union and a company cannot agree, a strike may occur.
18. We have a number of customers who telephone their orders.
19. I prayed for snow so that I could try out my new skis.
20. Vic has a new watch which tells the day of the month.
21. The woman whose recipe won first prize was not in the audience.
22. I always read her articles although I frequently disagree with her.

Eliminate the and by changing the italicized statement to the kind of word group indicated in the parentheses. Rewrite each sentence: [6points each]

23. We have had little rain, and the crops will be poor. (adverb clause)
24. I got the advice of a friend, and he knows a lot about cars. (adjective clause)
25. John never gains weight, and he is a big eater. (adverb clause)
26. We gave the bike to a child, and his father is out of work. (adjective clause)
27. 1 heard of his success, and I sent him a telegram. (-ing word group)
28. The record was broken by Bill Knapp, and he is a graduate of our school. (appositive)

Write the letter of the sentence that answers each question: [5points each]

29. Which sentence shows the relationship between the two ideas most clearly?
    a. Because I read the story twice, 1 missed the point.
    b. Although I read the story twice, I missed the point.
    c. I read the story twice, and I missed the point.
30. In which sentence is clanging used as an adjective?
    a. The church bells were clanging noisily.
    b. The clanging of the church bells awakened us.
    c. We were awakened by the clanging church bells.
31. Which sentence contains an -ing word group?
    a. The children stood in line, waiting for the theater to open.
    b. The children who were waiting for the theater to open stood in line.
    c. While they were waiting for the theater to open, the children stood in line.
32. Which sentence contains an appositive?
    a. Ms. Fritch, who is a retired lawyer, judged our speech contest.
    b. Ms. Fritch judged our speech contest, and she is a retired lawyer.
    c. Ms. Fritch, a retired lawyer, judged our speech contest.

X7. 정동사 퀴즈

아래의 문장에서 어색한 부분을 바로 잡으시오.

1. Did you say me that you like a movie?

2. She could scarcely recognizes nobody.

3. Do you liked to listen to music?

4. Did you decide to apply our university because of your brother by any chance?

5. I waited your e-mail.

6. Did you attend to MT?

7. I envy for you.

8. I often go to there.

9. I went a restaurant to eat dinner.

10. I waiting for your response.

11. It's a mid-exam period, so you will very busy.

12. I really glad to see your mail.

13. If you given a chance, go to 'Norita'.

14. I envy you in that you able to get angry about it.

15. He never smoking and drinking very much.

16. We intimate terms with each other.

17. She is an even tempered person and a straight forward character.

18. I want you write a guest book.

19. Are you major in English?

20. I like eat something.

21. Anyway I was happy accept your offer.

22. I was really feel chilly and scared.

23. Do you like play by ball?

24. Finally, we begun to drink in earnest.

25. We continually drunk all night until we went to bed fatigued one by one.

X8. 수 일치 퀴즈

아래의 주어진 문장에서 어색한 부분을 바로 잡으시오.

1. I don't think so because a teacher are a guide to students' lives.

2. So he always take part in team meeting once in a week.

3. She usually go to the movies once or twice a week.

4. What he and I want to do are different.

5. I think Kyuhan approach everything in a little rash.

6. Sometimes, I think that it is good to exchange mail in English.

7. They may get more thing afterwards,

8. The doctor poked a needle in my knee for four time.

9. Older brother is Chonan university student.

10. I have much examinations next week.

11. If there is recollection which remains in memory among them, it may be travel with friends during high school day.

12. We were in the same class two time by chance.

13. And Kim Sun is very thoughtful friend.

14. Does the weather sizzle these day?

15. Recently I was very busy for my homeworks.

16. But it was great time because after a long time I meet family and friends.

17. As you know, last weekend was fine day, so every flowers come into full.

18. Money is not everything in our life.

19. I am nervous about school exams. I really would like to have good grade.

20. When we first met, we are highschool student.

X9. Contents 영역: 관용용법, 중복, 논리, 스타일

어색한 부분을 바로 잡으시오.

1. I'm listening music, the forth album of Park Jung-Hyun.

2. Fourth, at night flame color of big city is very beautiful.

3. First of all, it is the main of culture.

4. I missed the suffocating air, the street noise, smell of Seoul in a train to go to Seoul.

5. And that people began to go to a big city by degrees.

6. ...want to go to other place,

7. But the amount of books and another materials were limited,

8. The reason is various kinds.

9. But it's all.

10. I went to go to the theater with my sister.

11. The best of advantages is that child feels nature surrounding.

12. It must be boring to do these things over and over and every weekends.

13. Today is a nice weekend. Now days, it is chilly like winter. So, there are many people.

14. Second, people in the country are very humanity and kind.

15. We went to San-Jung lake with mom.

16. If I live in a small town I couldn't feel the pleasure of traveling to contryside Couse I'm living on a big city like Seoul.

17. Nowadays, Everything gonna happened with money even love.

18. I hope we will remain gret freinds.

19. And than we went to zoo as Ji-sun likes animals. There was many animals; lions,

20. Even though femails are strong spiritually, outer power of males is much more stronger than femails.

X10. Contents 영역 2: 의미, 단어선택, 접속사, 병렬구조

어색한 부분을 바로 잡으시오.

1. But it is the only reason to get some rest what most of people are away on vacation every year.

2. Therefore environment is better than small town.

3. For example, Seoul has a korean-style house which can feel about ancient things.

4. As I live in a big city, I can use convenient facilities and spend less.

5. you can be easy to move.

6. We share their opinions and information what we need.

7. Now, I live in seoul near to a big city.

8. There can be varied places people live.

9. I gain many money in days to come.

10. If it is Chusok, I meet my relative, eat tasty food, have a chat, and so on.

11. There are many people, cars, building.

12. For example, theater, museum, concert, and musical.

13. It has movie theaters, playhouses, museums and so on.

14. They loved me so much. But I had a great time with my family.

15. A big city offers to enjoy various opportunity, convenience to people.

16. If we take any class, there are many good teachers, famous educational institutions in a big city.

17. But, big city can enjoy much cultural benefits.

18. First of all, we can touch advanced technology quickly.

19. Big city is various department stores, many shops.

20. And must main government organizations take placed in the city.

X11. 관용용법

아래의 주어진 문장에서 어색한 부분을 바로 잡으시오.

1. So, she says that she can recognize what we are thinking and doing,

2. He is same age with me,

3. I graduated from Chungdae school, Bangyi middle school, and Karak high school.

4. Therefore, if I were an English teacher, I wish I am on intimate term with my students.

5. I had a hard time to weekend.

6. Since that time, we have made a lose friendship with each other.

7. Anyway, that's it about my mail.

8. He often listens to music.

9. Most of students who visited the modern campus left unimpressed.

10. Despite of this fact, It is a mystery to me that I still like him a lot.

11. Because of there is no my contact lens, It is hard that I see O.H.P.

12. Almost citizen think that candidates of opposition party are so bad because they impeached president for no particular reason.

13. So I am looking forward to receive your e-mail.

14. Let's have a go at it.

15. Because of time is money, money is paid for a hard working,

16. I did my shopping to the Kang-Nam with my intimate sister in yesterday.

17. There was so hot.

18. Sooner of late I will arrange hours to go to the movies.^^

19. I saw bad news about your bag.

20. I congratulate escape from solo.

21. Nowadays, I fall in guitar that is very exciting~~

22. I always make an effort to see a bright portion.

23. I did not know how to say because I mailed you first time.

24. From Kangnam to Pucheon takes about two hours.

25. When I say about my schedule a week. I used to go to school three days a week,

X12. Organization 영역: 서론, 본론, 결론 명시, 주제문, 연결사, 접속사, coherence

Part 1. 어색한 부분을 바로 잡으시오.

1. THE FIRST, for my healthy automobile exhaust gas, overcrowding are bring about smoke pollution and a noise.

2. Opposite, big city also have other adventage.

3. To conclude, however a small town has a few merits, I want to live in a big city because of the above reasons.

4. The last, I like meeting people.

5. For that, we needed the power of men and materials.

6. It's a very beautiful, quiet town.

7. It was too quiet, too inconvenient.

8. There are lots of people, many vehicles in a big city.

Part II. 적절한 cohesive device를 선택하시오.

Yankelovich helps explain the dilemma of American workers. Most want to do their best. (1)They do not work as hard as they could. (2)They feel that others receive the benefits of their hard work. (3)Yankelovich doesn't see this attitude as a sign of a weak work ethic. (4)He feels the attitude would change if workers made more of the decisions that affect their work. There is a message for managers in Yankelovich's findings. Managers need to allow workers to express their needs. (5)They need to listen to what workers say.

9. a. However, b. For example, c. Therefore,
10. a. because b. even though c. whereas
11. a. First, b. Unfortunately, c. (no cohesive device needed)

Some companies do actually try to address their workers' needs and suggestions. (1)A few companies offer day-care facilities for workers' children. (2)Workers can have more contact with their children during the day. The workers, min90711ds are freed from worries about their children. (3)They work better. (4)Some other companies offer workers flexible working hours. Workers can begin and finish work at times they choose. (5)They have to put in the required number of hours. (6)If they begin work late, they have to stay late. Other companies are listening to workers, suggestions about improving efficiency in the factory or office. (7) ________ managers make the final decisions, they consider the workers' input when making those decisions.

12. a. On the whole, b. For instance, c. At the beginning,
13. a. On the contrary, b. (no cohesive device needed)
c. That way,
14. a. and, for example, b. so, theoretically, c. however,
15. a. (no cohesive device needed) b. For example, c. Finally,
16. a. because b. Besides, c. 0f course,
17. a. Therefore, b. However, c. Moreover,
18. a. Since b. Even though, c. Precisely because

Part III. 아래의 문장을 읽고 답하시오.

The invention of the electric telegraph gave birth to the communications industry. Although Samuel B. Morse succeeded in making the invention useful in 1837, it was not until 1843 that the first telegraph line of consequence was constructed. By 1860 more than 50,000 miles of lines connected people east of the Rockies. The following year, San Francisco was added to the network.

The national telegraph network fortified the ties between East and West and contributed to the rapid expansion of the railroads by providing an efficient means to monitor schedules and routes. Furthermore, the extension of the telegraph, combined with the invention of the steam-driven rotary printing press by Richard M. Hoe in 1846, revolutionized the world of journalism. Where the business of news gathering had been dependent upon the mail and on hand-operated presses, the telegraph expanded the amount of information a newspaper could supply and allowed for more timely reporting. The establishment of the Associated Press as a central wire service in 1846 marked the advent of a new era in journalism.

The main topic of the passage is
(A) the history of journalism
(B) the origin of the national telegraph
(C) how the telegraph network contributed to the expansion of railroads
(D) the contributions and development of the telegraph network

VII. 현장 적용 가능성 모색

지금까지의 연구 결과를 바탕으로 현장에서 학생들을 효과적으로 지도 할 수 있는 제언의 한 방법으로 영작교재로 사용할 수 있는 주요 내용을 제안하려고 한다. 작문에 영향을 주는 요인은 매우 많으나 여기서는 유의도가 검정된 변수를 중심으로 유형별로 효과적인 수업을 도와 줄 수 있는 모델 교안을 소개해 보도록 하겠다.

1. 문장의 유형

1) Simple Sentences

Simple Sentence는 하나의 주어와 동사로 구성된 문장이다. 예를 들면,

1. I gave her a cake, a letter, and flowers.
   …and then we went to home.

주어진 문장의 어색한 부분을 고치면,
☞주어진 문장에서 home의 품사는?
갔다 동사 수식 부사이다. 따라서 전치사 to가 올 이유가 없다.
,and then we went home.

2. I found two students. One was very quiet and was not reaction, the other was an attack against on his classmates. their name were Mi-haw and Jun-suk. I heard, they...
주어진 문장의 어색한 부분을 고치면,
☞I found the two students. One was very quiet and not responsive, the other was aggressive. Their names were Mi-haw and Jun-suk. I heard, they...

3. I have a lot of cowardice and... and...I have even height phobia.
주어진 문장의 어색한 부분을 고치면,
☞I am coward and... and...I have even height phobia.

4. Maybe.. I will visit to my ancestral graves on the occasion of Ch'usok.
주어진 문장의 어색한 부분을 고치면,
☞Maybe.. I will visit my ancestral graves on the occasion of Ch'usok.

5. One is writing, the other one is 'About France culture and art.'
주어진 문장의 어색한 부분을 고치면,
☞One is writing a paper, and the title of it is 'About France culture and art.'

6. This weekend was very special. Because, this weekend is Chusok!
주어진 문장의 어색한 부분을 고치면,
☞This weekend was very special because it is Chusok!

7. I lived small town.
주어진 문장의 어색한 부분을 고치면,
☞live는 자동사로 목적어 town을 그대로 불러 올 수는 없고 전치사가 중간에 와야한다.
I lived in a small town.

8. I will live quiet small city.
주어진 문장의 어색한 부분을 고치면,
☞I will live in a quiet small city.

9. I prefer to live a big city.
주어진 문장의 어색한 부분을 고치면,
☞I prefer to live in a big city.

10. If I was sick, I can go hospital quickly.
주어진 문장의 어색한 부분을 고치면,
☞If I am sick, I can go to hospital quickly.

11. Seoul is always activity.
주어진 문장의 어색한 부분을 고치면,
☞Seoul is always active.

12. Take an instance, 'seoul' is very complexity, and stuffy.
주어진 문장의 어색한 부분을 고치면,
☞For example, 'Seoul' is very complex and stuffy.

13. Also traffic is convenience.
주어진 문장의 어색한 부분을 고치면,
☞주격보어로 형용사가 와야 할 자리이다.
Also traffic is convenient.

14. Then our mind can be abundanted.
주어진 문장의 어색한 부분을 고치면,
☞Then our mind can be abundant.

15. ...there for street is very clear and safety.
주어진 문장의 어색한 부분을 고치면,
☞...therefore the street is very clean and safe.

2) Compound Sentences

Compound Sentence는 접속사로 두 개의 문장을 연결하는 경우를 말한다. 예를 들면,

I lived in Kyoung-ju, and I was very happy.

1. I like to river and mountain, I really enjoy playing there.
주어진 문장의 어색한 부분을 고치면,
☞I like rivers and mountains, and I really enjoy playing there.

2. I lived Kyoung-ju, I was very happy.
주어진 문장의 어색한 부분을 고치면,
☞I lived in Kyoung-Ju, and I was very happy.

3. Also we want to learn something, it is difficult to find good educational institutes.
주어진 문장의 어색한 부분을 고치면,
☞주어진 문장의 경우 콤마를 중심으로 두 개의 문장이 나열이 되어 있긴 하나 연결이 되지 않는다. 콤마만 가지고 문장을 연결할 수는 없다. 정리하면,
Also we want to learn something, but it is difficult to find good educational institutes.

4. Social and economic scale is enormous, many kinds of job we can meet..
주어진 문장의 어색한 부분을 고치면,
☞Social and economic scale is enormous, and we can meet many kinds of jobs.

5. I can walk to the beach, I can hear the waves at night.
주어진 문장의 어색한 부분을 고치면,
☞I can walk to the beach, and I can hear the waves at night.

6. Maybe my thought about the question of where to live is traditional. but it doesn't matter whether it is conventional or not.
주어진 문장의 어색한 부분을 고치면,
☞Maybe my thought about the question of where to live is traditional, but it doesn't matter whether it is conventional or not.

7. I can go out into the country if I want some peace, it's not far from where I live.
주어진 문장의 어색한 부분을 고치면,
☞I can go out into the country if I want some peace, and it's not far from where I live.

8. So we can have many experiences, we can meet many people and learn many things.
주어진 문장의 어색한 부분을 고치면,
☞So we can have many experiences, and we can meet many people and learn many things.

9. But I fall into the city life deeply, I think that I will live in Seoul continuously.
주어진 문장의 어색한 부분을 고치면,
☞But I fall into the city life deeply, and I think that I will live in Seoul continuously.

10. Also I am going to have a job as a consultant or a fund manager, I need to live in big cities to accomplish my jobs better.
주어진 문장의 어색한 부분을 고치면,
☞Also I am going to have a job as a consultant or a fund manager, therefore I need to live in big cities to conduct my jobs better.

3) Complex Sentences

complex Sentence는 종속절을 이끄는 접속사(부사적 의미)와 주어+동사, 주어+동사 형식을 갖춘 문장을 말한다. 아래의 문장에서 어색한 부분을 바로 잡으면?

1. Larger city is convenient than small city to adapting in modern society which change rapidly. Because the speed of change and appearance that alter are felt just as it is.
   접속사+주어+동사, 주어+동사의 모양으로 바꾸면,
   ☞Because the speed of change and appearance that alter are felt just as it is, a larger city is convenient than a small city to adapt in the modern society which change rapidly.
   내용상으로는 여전히 어색하긴 하지만, complex sentence의 모양은 갖추었군요.

2. Because of I enjoyed shopping very much, I like big city and life in a big city.
   어색한 부분을 바로 잡으면?
   ☞because 다음에는 주어+동사, because of 다음에는 구가 나와야 합니다.
   Because I enjoy shopping very much, I like a big city than a small one.

3. I'll choose small country because, I want fresh air and clean enviroment.
   어색한 부분을 바로 잡으면?
   ☞콤마의 위치가 잘못 되었군요. 정리하면,

I'll choose a small country because I want fresh air and clean environment.

4. The questions is very difficult. because I lived two places.
어색한 부분을 바로 잡으면?
☞complex sentence에서 종속절이 뒤로 갈 경우에 콤마를 사용하지 않아도 무방하다.
The questions are very difficult because I lived two places before.

5. Whenever I can learn anything what I want.
어색한 부분을 바로 잡으면?
☞주어진 문장에서 주어가 없군요. 정리하면,
Whenever I can, I can learn anything that I want.

6. I choose to live in a small town. Because, I was born 'ghun san(군산)'.
어색한 부분을 바로 잡으면?
☞complex sentence의 구조로 정리하면,
I choose to live in a small town because, I was born in 'Ghun San(군산)'.

7. I prefer to live in a big city, because these reasons.
어색한 부분을 바로 잡으면?
☞I prefer to live in a big city because of these reasons.

8. I was so boring and some tired. Even though I didn't do anything.

어색한 부분을 바로 잡으면?

☞Even though I didn't do anything, I was very bored and somewhat tired.

9. But I was 10, our family move to big city, Seoul.
어색한 부분을 바로 잡으면?
☞But, when I was ten, our family moved to a big city, Seoul.

10. I only don't want to live now. Because I am a young person.
어색한 부분을 바로 잡으면?
☞I only don't want to live in a country now because I am a young person.

11. Someday, my age is about 50, I would like to live a life in country.
어색한 부분을 바로 잡으면?
☞Someday, when my age is about 50, I would like to live in a country.

12. There are all of industry in a big city. Because it is easy to get a job to a person who live in a big city.
어색한 부분을 바로 잡으면?
☞complex sentence로 만들기보다는 형용사절로 유도하는 것이 문맥상 자연스러워 보인다.
There are all kinds of industry in a big city where one can easily get a job.

13. But the city is polluting, because of many people, factories, buildings.
어색한 부분을 바로 잡으면?
☞But the city is polluted because of many people, factories, and buildings.

14. But students of city don't need that. Because of most students are near school from their home.
어색한 부분을 바로 잡으면?
☞But the students of a city don't need that because most students live near school from their home.

15. That way, in future , the big city will be confuse. Because of many people.
어색한 부분을 바로 잡으면?
☞That way, in the future, a big city will be confused because of many people.

16. It was my dream, when I was child.
어색한 부분을 바로 잡으면?
☞접속사+주어+동사, 주어+동사 = 주어+동사, 접속사+주어+동사이다.
It was my dream when I was a child.

17. In a small town don't have enough company to work.
어색한 부분을 바로 잡으면?
☞주어진 문장에는 주어가 없군요. 다시 정리하면,
In a small town, it might be hard for people to get jobs.

18. I want to live in a big city. Because a big city is very convenient.
어색한 부분을 바로 잡으면?
☞I want to live in a big city because it is very convenient.

19. I want to buy clothes, I go to the shopping mall.
어색한 부분을 바로 잡으면?
☞I want to buy clothes, so I go to the shopping mall.

20. But if I don't have money, just seeing to the show window.
어색한 부분을 바로 잡으면?
☞주절에서 주어+동사의 형식을 만들어 주어야 한다.
But if I don't have money, I just go window shopping.

21. I prefer to live a big city. Because big city has many benefits.
어색한 부분을 바로 잡으면?
☞I prefer to live in a big city because it offers many benefits.

22. Everywhere you want to go, you will go there.
어색한 부분을 바로 잡으면?
☞구조는 좋으나 어휘 선택이 적절하지 못한 경우이다.
Everytime when you want to visit some place, you can go there.

23. For an instance, a few years ago Michael Jackson came to Korea, he could have a concert in Seoul.
어색한 부분을 바로 잡으면?
☞For instance, a few years ago when Michael Jackson came to Korea, he could have had a concert in Seoul.

24. My family had house-moving many times. Because my father was a professional soldier.
어색한 부분을 바로 잡으면?
☞My family had house-moving many times. Because my father was a professional soldier.

25. Because traffic system was convenient and I enjoyed leisure with ease.
어색한 부분을 바로 잡으면?
☞Because the traffic system was convenient, I enjoyed my leisure time with ease.

26. However I prefer to live small town than to live big city. Because big city is crowded with many people and cars.
어색한 부분을 바로 잡으면?
☞However I prefer to live in a small town than in a big city because a big city is crowded with many people and cars.

27. But I would like to live in a small town which is clean and calm. Because I want to enjoy my life in peaceful and comfortable place.
어색한 부분을 바로 잡으면?
☞But I would like to live in a small town which is clean and calm. From there I could enjoy peaceful and comfortable life.

28. If I would want to go to small town, when I become old woman.
어색한 부분을 바로 잡으면?
☞When I become an old woman, I would like to live in a small town.

29. I will choose big city. Because I need more experience and I want to go to the world.
어색한 부분을 바로 잡으면?
☞I will choose a big city because I need more experience and I want to go to the world.

30. Because of I enjoyed shopping very much, I like big city and life in a big city.
어색한 부분을 바로 잡으면?
☞Because I enjoyed shopping very much, I like living in a big city.

31. Though I live in a big city now, But I will live in a small town certainly.
어색한 부분을 바로 잡으면?
☞Though I live in a big city now, I will live in a small town certainly.

32. These days, globalization priod, we must receive information promptly.
어색한 부분을 바로 잡으면?
☞These days, at the age of globalization, we must receive information promptly.

33. Now, but I prefer to live in a big city. Because I need more experience.
어색한 부분을 바로 잡으면?
☞Now, but I don't prefer to live in a big city because I need more experience.

34. Sangdang-dong is a good location. Because there're two kind of subway lines(4 and 7 line) and shopping malls.
어색한 부분을 바로 잡으면?
☞Sangdang-dong is a good location because there're two kinds of subway lines(4 and 7 line) and shopping malls.

35. If I lived in a small town, I would have to wait buses for a long time. because there isn't subways.
어색한 부분을 바로 잡으면?
☞If I lived in a small town, I would have to wait buses for a long time because there are not many subways.

36. Because I like to meet many people and activity in the city is very variety, dynamic, energetic.
어색한 부분을 바로 잡으면?
☞Because I like to meet many people and participate in the activities in the city, living there is very variety, dynamic, and energetic.

37. Big cities we can find and try new, exciting, and enthusiastic things.
어색한 부분을 바로 잡으면?
☞From big cities, we can find and try new, exciting, and enthusiastic things.

38. Third, we can have many times of meditation in a small town. Because, our mind to be calm and peaceful in there.
어색한 부분을 바로 잡으면?

☞Third, we can have many times of meditation in a small town because our mind becomes calm and peaceful.

39. So When I want to buy beautiful and impress favorably clothes, I have to go to a big city.
어색한 부분을 바로 잡으면?
☞So, if I want to buy beautiful and favorite clothes, I will go to a big city.

40. Because I was born and I have lived in a big city, so I am familiar that.
어색한 부분을 바로 잡으면?
☞complex sentence의 접속사는 문장의 도입 부분에 나오며 콤마 다음에 나오지는 않는다.
Because I was born and have lived in a big city, I am familiar with that.

41. I prefer convenient better than fresh air, because of my lazyness.
어색한 부분을 바로 잡으면?
☞I prefer convenient life to fresh air because of my laziness.

42. And I love that! 'Cause I love to go window shopping.
어색한 부분을 바로 잡으면?
☞And I love that because I love to go window shopping.

43. I preferred a big city, Seoul, especially. Because a big city is the center of education, businesses, economies, traffics, industries, etc.

어색한 부분을 바로 잡으면?

☞I preferred a big city, Seoul, especially because a big city is the center of education, businesses, economies, traffics, and industries.

44. However, still many people would prefer to live in a smaller town or in rural areas. Because these places are very restful.

어색한 부분을 바로 잡으면?

☞However, still many people would prefer to live in a smaller town or in rural areas because these places are very restful.

45. Although Seoul as a big city has those problems. I want to live in the big city rather than small town.

어색한 부분을 바로 잡으면?

☞Although Seoul as a big city has those problems, I want to live in the big city rather than small town.

46. Although my present house has not a garden, but someday I want to have a garden with many trees and flowers.

어색한 부분을 바로 잡으면?

☞집을 주어로 설정하고 정원이 있다 또는 없다고 하는 것이 어색합니다. 바꾸면,

Although there is no garden in my house, someday I want to have a garden with many trees and flowers.

47. But I will choose a big city shortly. Because I prefer living in a big city that makes me comfortable.

어색한 부분을 바로 잡으면?
☞But I will choose a big city shortly because I prefer living in a big city that makes me comfortable.

48. When I was told he wants to live a small town, I'm afraid it's not available yet. Because my mother prefer living a big city.
어색한 부분을 바로 잡으면?
☞When I was told he wants to live in a small town, I was afraid it was not available yet because my mother prefer living in a big city.

49. But I will choose a big city shortly because I prefer living in a big city that makes me comfortable.
어색한 부분을 바로 잡으면?
☞But I will choose a big city mainly because I prefer living in a big city that makes me comfortable.

50. I will say I'd like to live in the city. Because I can have a cultural life and live conveniently in the city.
어색한 부분을 바로 잡으면?
☞I will say I'd like to live in a city because I can have a cultural life and live conveniently in it.

51. Second, it has many opportunities to get a job. Because in a big city, much more employees are demanded than a small town.
어색한 부분을 바로 잡으면?

☞Second, it has many opportunities in getting a job because in a big city, many more employees are demanded than in a small town.

52. But I'd like to say one condition that the town shouldn't be too far from a city.
Because I like going to cinema and clubs with my friends some times.
어색한 부분을 바로 잡으면?
☞But I'd like to say one condition that the town shouldn't be too far from a city because I like going to cinema and clubs with my friends some times.

53. A big city also makes me feel active and energetic. Because a big city.
어색한 부분을 바로 잡으면?
☞A big city also makes me feel active and energetic because it is big.

54. The air is dirty, some trees are dying.
어색한 부분을 바로 잡으면?
☞Because the air is dirty, some people are dying.

4) Incomplete sentences(불완전한 문장)

1. As I have an image that living in a small town is much in reserve and peaceful, However to live in big city is polished, busy…speedy.

주어진 문장을 살펴보면 하나의 주어와 동사로 연결되는 부분을 찾을 수가 없다.

☞콤마 앞의 문장의 시작이 접속사+주어+동사, 콤마 뒤는 주어+동사가 예상이 되나 다시 접속사+주어+동사가 나와 문장을 이상하게 만들고 있다. 접속사+주어+동사, 주어+동사의 문장으로 만들면,

I have an image that living in a small town is much reserved and peaceful, whereas living in a big city is polished, busy, and speedy.

2. First, many place that can play in a big city.
어색한 부분을 바로 잡으면?
☞First, there are many places where one can play in a big city.

3. performances that can not contact in small city.
어색한 부분을 바로 잡으면?
☞One can see performances that can not be viewed from a small city.

4. Because they think that a large city is more convenient than that.
☞어색한 부분을 바로 잡으면?
접속사+주어+동사만으로는 완전한 문장이 될 수 없습니다.
They think that a large city is more convenient than a small one.

5. Because of many people, factory, building.
어색한 부분을 바로 잡으면?

☞접속사+주어+동사만으로는 완전한 문장이 될 수 없습니다. 주어진 문장의 앞이나 뒤에 적절한 주어+동사가 와야 합니다.

6. I think, because of survival.
어색한 부분을 바로 잡으면?
☞I thought about the survival.

7. Because small town has many advantage than big city.
어색한 부분을 바로 잡으면?
☞A small town has many advantages than a big city has.

8. Even though I get married.
어색한 부분을 바로 잡으면?
☞I get married.

9. but because merits of a metropolis fascinate me.
어색한 부분을 바로 잡으면?
☞The merits of a metropolis fascinate me.

10. Many subway lines, buses and trains.
어색한 부분을 바로 잡으면?
☞There are many subway lines, buses, and trains.

11. Because her town doesn't have any theaters.
어색한 부분을 바로 잡으면?
☞Her town doesn't have any theaters.

12. Many cars, subways, buses and so on.
어색한 부분을 바로 잡으면?
☞There are many cars, subways, buses and so on.

13. For example, if I live in a small town.
어색한 부분을 바로 잡으면?
☞I live in a small town.

14. And if emergency situation occurs in my family.
어색한 부분을 바로 잡으면?
☞Emergency situation might occur in my family.

15. Secondly the convenience of living. such as shopping, going to movies or concerts.
어색한 부분을 바로 잡으면?
☞Secondly the convenience of living such as shopping, going to the movies or concerts.

16. Secondly the convenience of living such as shopping, going to the movies or concerts.
어색한 부분을 바로 잡으면?
☞Secondly, there are the convenience of living, such as shopping, going to the movies or concerts.

17. Which have automatic capacity.
어색한 부분을 바로 잡으면?
☞관계대명사는 선행사인 명사나 대명사를 수식하며 단독으로 나와 독립된 문장을 만들지는 못한다. 정리하면, It has automatic capacity.

18. Because there are so many people lives in a big city.
어색한 부분을 바로 잡으면?
☞So many people live in a big city.

19. Because there are merits and demerits both a big city and a small town, each and all.
어색한 부분을 바로 잡으면?
☞There are merits and demerits of living in a big city and a small town.

20. Because there were many workshops, transportations, buildings, ultra-modern fashion, and scientific technique in a big city.
어색한 부분을 바로 잡으면?
☞There were many workshops, transportations, buildings, ultra-modern fashion, and scientifically equipped facilities in a big city.

21. Because people always want to have clean air and have the desire to enjoy nature.
어색한 부분을 바로 잡으면?
☞People always want to have clean air and have the desire to enjoy nature.

22. In addition, people who live in the big city.
어색한 부분을 바로 잡으면?
☞주절에서 주어 people만 있고 동사가 없는 경우입니다. 이런 경우 대도시에 사는 사람들이 어떠한지 동사를 넣어서 말을 만들어 주어야 합니다.

In addition, people who live in the big city tend to prefer living in a countryside.

23. because big city can provide them with useful things to live in a modern society.
어색한 부분을 바로 잡으면?
☞Because a big city can provide them with useful things to live in people prefer to live in a modern society.

24. A calm and comfortable surrounding for the old, spacious ground and good educational environment for a parent having children.
어색한 부분을 바로 잡으면?
☞마찬가지로 하나의 주어와 동사가 없는 불완전한 문장이군요.
There are several adventages that we could think of: For example, A calm and comfortable surrounding for the old, spacious ground and good educational environment for a parent to have children.

25. It is a real love and it is the final love in my life, too many sweet and bitter for this love.
어색한 부분을 바로 잡으면?
☞It is a real love, and it is the final love in my life. To keep one's love, there are so many things you need to pay.

5) 문장의 종류 종합 연습

1. Baleen whales are the largest animals on earth, yet they feed on some of the smallest animals in the ocean.
   문장의 종류는?
   ☞문장을 보면 제일 먼저 할일은? 동사를 찾아야 합니다. 주어진 문장에서 동사는? are와 feed. 그런데 콤마로 두 문장이 연결 되어 있군요. 따라서 콤마 앞에 whales가 주어, are가 동사. 콤마 다음에 접속사 yet, 그리고 주어 they, are 동사로 연결되어 있군요. 주어+동사, 접속사+주어+동사 -compound sentence입니다.

2. There are 12 baleen whale species divided into 4 families: right, pygmy right, gray and rorqual whales.
   문장의 종류는?
   ☞There는 유도 부사로 주어가 될 수 없습니다. 그렇다면 be 동사 다음에 나오는 명사가 주어진 문장의 주어인데 그 명사는? whale이지요. be 동사가 앞에 나와 있는 데 divided가 whale 앞에 있네요.
   품사는?
   동사요? be 동사가 정동사로 앞에 나와 있고요, 한 문장 안에 단문의 경우 반드시 하나의 정동사 밖에 나올 수 없다고 했습니다. 그렇다면 divided의 품사는 무엇일까요? 명사 species를 수식하는 형용사 역할을 합니다. 주어진 문장의 구조는 주어+동사로 끝나는 simple sentence입니다.

3. Right whales were called the 'right' whales to catch by early hunters because they are large, swim slowly, have long baleen plates, contain lots of oil, and float when killed.

문장의 종류는?

☞주어진 문장의 정동사는? were called라고 하는 수동태 구문. 그렇다면 are, have, contain, and float는? because 라고 하는 이유를 나타내는 종속 접속사 안에 있는 동사로 정동사로 인정하지 않습니다. 따라서 주어+동사 접속사 주어+동사로 complex sentence 입니다.

일반적으로 complex sentence의 형태는 접속사+주어+동사, 주어+동사이나 종속절이 뒤로 가면 콤마를 사용하지 않은 주어+동사 접속사+주어+동사로 바뀐다는 것 이제는 알죠?

4. Right whales do not have dorsal fins or throat grooves.
문장의 종류는?

☞주어진 문장의 정동사는 have입니다. 자신 있게 말할 수 있는 이유는 앞에 조동사 do가 있기 때문 입니다. 조동사 다음에 원형동사가 오는데 이런 경우 대부분 정동사가 됩니다. 따라서, 주어진 문장은 주어+동사+목적어의 simple sentence입니다.

5. The taxonomy of this family is rather confusing, but currently there are three species of right whales: the Northern right whale, Southern right whale and bowhead whale.
문장의 종류는?

☞콤마가 있네요. 긴장합니다. 앞뒤를 살펴볼까요? 콤마 앞은 정동사 is, 콤마 뒤는 are가 있고 콤마 다음에 접속사가 있습니다. 그렇습니다. 주어+동사, 접속사+주어+동사의 compound sentence입니다.

6. The pygmy right is in a separate family although it shares simiarly characteristics to right whales.
   문장의 종류는?
   ☞주어진 문장의 정동사는? is in a separate family는? 그 유명한 전명구네요. 전명구는 문장에서 두 가지 역할, 형용사 또는 부사. 주어진 문장에서는 있다 동사 수식 부사. 그다음을 보니 반가운 단어가 있네요. 어떤 의미의 접속사? 양보를 나타내는 부사적인 의미를 가지는 접속사. 그렇다면 주어 it와 동사 share가 나오는 것은 당연한 일!!! 정리합니다. 주어+동사+접속사+주어+동사의 complex sentence입니다.

7. Gray whales have their own taxonomic family, genus, and species.
   문장의 종류는?
   ☞정동사 have. 주어+동사+목적어의 simple sentence이다.

8. They are the most coastal of the baleen whales and are often found within a few miles of shore.
   문장의 종류는?
   ☞주어진 문장에서 동사가 될만한 것을 모두 모으면? are 그리고 are. 아아 be 동사 슬피우니 비가오려나? 음음음... 두번째 are 앞에 콤마가 있나요? 없네요. 주어가 같기 때문에 생략을 하였다는 의미. 그렇다면, 주어진 문장의 구조는? 주어+동사+주격보어+동사.
   문장의 종류는?
   그렇다면 within a few miles of shores는 아무짝에도 쓸모 없는 물건입니다. 왜냐구요? 전명구이니까요. 부사 역할을 합니다. 두개의 동사를 접속사가 연결하기 때문에,

콤마가 없는 것으로 보아 simple sentence입니다.

9. Each year gray whales migrate between their summer feeding grounds in the Bering, Chukchi, and Beaufort Seas to their winter breeding grounds off Baja California, Mexico.
문장의 종류는?
☞밀려오는 절망감입니까? 아니면 감동입니까? 먼저, 주어진 문장의 정동사는? migrate. between부터 Mexico까지의 정체는? between의 품사는? 전치사. 아하, 그 유명한 전명구. 쓸데없는 물건. 그렇다면, 문장의 구조는? 주어+동사의 simple sentence입니다.

10. This is one of the longest migrations by a mammal species.
문장의 종류는?
☞one of 다음에 복수명사 아시죠? 주어진 문장의 정동사는? is. 주어+동사+주격보어의 simple sentence입니다.

11. Gray whales are gray in color and their skin is encrusted with barnacles and a unique species of small crustaceans known as 'whale lice.'
문장의 종류는?
☞주어진 문장의 정동사는 are와 is입니다. 두 개의 동사가 접속사 and로 연결되면서 주어는 whales와 skin으로 서로 다르군요. 그렇다면 with barnacles and a unique species of small crustaceans known as 'whale lice'의 정체는? with가 전치사. 따라서 전명구. 아무짝에도 쓸 데 없고요, 무시 합니다.
접속사를 중심으로 앞의 문장은 능동태, 뒤의 문장은 수동태 구문을 이루고 있군요. 위의 문장에서 전명구는 동사 수식 부사, with barnacles and a unique species, species 명사를 수식하는 형용사 of small crustaceans가 있네요. as 'whale lice.'의 as는 자격이나 신분을 나타냅니다.

12. They have 2-3 short throat grooves and instead of a dorsal fin they have a low dorsal hump followed by 6-12 'knuckles' or bumps.
문장의 종류는?
☞정동사는? have와 have. 접속사 and 앞에 콤마가 있는 경우는 주어가 다른 경우. 주어가 같으면, 콤마 없어도 됨. 위의 접속사를 중심으로 나누어진 두 문장의 주어는 같은가요, 아니면 다른가요? 같기는 하나 생략을 하지는 않았군요.
그렇다면, 주어+동사+목적어+주어+동사+목적어의 구조. 비록 콤마는 없으나 두개의 주어이기 때문에 compound sentence로 보아도 좋습니다. 콤마가 없이 compound sentence를 만드는 경우를 많이 볼 수 있는데, 이것은 분명 잘못 된 것이며 여러분은 절대 따라하지 마세요.

13. Whalers used to call gray whales 'devil fish' because of their aggressive response to being hunted.
문장의 종류는?
☞주어진 문장의 정동사는? call. because of 이하는 절인가요, 아니면 구인가요? 주어+동사가 있는지 없는지만 보면 되지요? 구입니다. 그것도 종속구. 그런데 because 앞에 콤마가 있나요? 없지요? 왜냐구요? 종속어, 구, 절이 주절 뒤로 가면 콤마를 사용하지 않습니다. 주어진 문장은 주어+동사+목적어+목적격보어+종속구의 complex sentence 입니다.

14. Rorqual whales are relatively streamlined in appearance and have pointed heads and small pointed fins.
문장의 종류는?
☞주어진 문장의 정동사는 are와 have입니다. 그런데 주어가 같기 때문에 생략 되었고 두 개의 동사를 접속사가 연결하는 형태이므로 주어+동사+주격보어+접속사+동사+목적어로 simple sentence로 보아야 합니다.

15. They can be distinguished from other whales by many (25-90) deep groves along their throats that expand when they feed.
문장의 종류는?
☞주어진 문장의 정동사는? can be distinguished. 주어진 문장에서 전명구는? from other whales, by many (25-90) deep groves, along their throats. 아무짝에도 쓸모없는 물건들을 한정, 제한, 수식하는 that expand when they feed는 더 아무짝에도 쓸모가 없겠군요. 따라서, 주어진 문장을 정리하면, 주어+동사의 simple sentence로 보면 됩니다.

16. There are 8 species of rorqual whales: the humpback whale, fin whale, Bryde's whale, blue whale, northern minke, antarctic minke, Eden's ('small-type') whale.
문장의 종류는?
☞또 there가 나왔군요. 품사는? 부사. 부사는 주어가 될 수 없습니다. 주어가 될 수 있는 것은 명사와 대명사. there 구문이 나올 경우 주어는 be 동사 다음에 나오는 명사. 주어진 문장에서 정동사는 are, 주어는 whales. 원래의 문장, 즉 정치로 바꾸면, 8 species of rorqual whales are there. 문장의 구조는 주어+동사. 즉, simple sentence입니다.

17. Baleen whales are some of the largest animals on earth.
문장의 종류는?
☞주어진 문장의 정동사는? are. 주어는 whales. some = baleen whales. 즉, 주어에 대한 보충 설명? 주격 보어. simple sentence입니다.

18. Characteristic baleen plates and paired blowholes help distinguish baleen whales from toothed whales.
문장의 종류는?
☞주어진 문장의 정동사는? help distinguish. 무엇인가 이상하지 않아요? 한 문장 안에 반드시 하나의 정동사만 올수 있다고 하였는데. 위의 문장을 올바르게 고친다면,

19. Characteristic baleen plates and paired blowholes help to distinguish baleen whales from toothed whales.
문장의 종류는?
☞달라진 부분은요? distinguish 앞에 to를 삽입하였네요. 이것이 소위 말하는 못다핀 동사인 데요, 주어진 문장은 주어+동사+목적어로 simple sentence입니다.

20. All cetaceans have a long, strong diaphragm which allows them to rapidly exhale as they surface and quickly inhale before submerging.
문장의 종류는?
☞관계 대명사 which 이하는 결국 선행사인 명사 diaphragm의 부연 설명이기 때문에 무시하기로 하고, 정동사를 찾는다면? have. 주어진 문장은 주어+동사+목적어의 simple sentence이다.
문장의 종류는?

21. The phrase 'Thar she blows!' was coined by whale hunters who spotted the column of vapor as the whales exhaled.
문장의 종류는?
☞The phrase와 'Thar she blows!'는 동격으로 주어 역할을 하며, 정동사는 was coined. 수동태 구문이다. by이하는 말하지 않아도 알죠? 전명구. 관계 대명사의 선행사인 명사 hunters를 관계 대명사가 수식하고 있고, 그 선행사가 전명구의 한 부분이므로 그리 중요한 사항은 아니라고 생각됩니다.

2. 단어 선택

But, performance is not easy. You know.
영어를 잘하고 싶은데 잘되지 않는다는 의미로 쓴 글인데 약간 어색하네요.
⇒But, speaking English well is not as easy as I wish, you know.

1. When grown people read that book, he has a different feeling from what he read before.
어색한 부분을 바로 잡으면?
☞If you read the same book again after you have grown up, you might feel different feeling.

2. I feel many things through that program. I was ashamed.
어색한 부분을 바로 잡으면?
☞I feel so many regrets after taking that program. I am ashamed of what I have done.

3. Then, I met my relations, and I made Songpyon with aunt, grandmother and...
어색한 부분을 바로 잡으면?
☞Then, I met my relatives, and made Songpyons with aunt, grandmother and...

4. And I talked with my relations, uncle, aunt and cousin.
어색한 부분을 바로 잡으면?
☞And I talked with my relatives, uncle, aunt, and cousin.

5. I know there are many defects in Seoul.
어색한 부분을 바로 잡으면?
☞서울의 결함이 아니고 서울에서 살 경우에 단점을 말하는 것이다. 따라서,
I know there are many disadvantages of living in Seoul.

6. But, big city can enjoy much cultural benefits.
어색한 부분을 바로 잡으면?
☞주어 설정이 어색하다.
But, one can enjoy many cultural benefits from a big city.

7. I can talk that Seoul is a big city in Korea.
어색한 부분을 바로 잡으면?
☞that을 목적절로 받고 말하다는 의미는 say가 적절하다.
I can say that Seoul is the big city of Korea.

8. First of all, we can touch advanced technology quickly.
어색한 부분을 바로 잡으면?

☞신속하게 기술을 접한다는 의미? be exposed to를 사용하는 것이 좋을듯하다.

First of all, we might be exposed to the advanced technology quickly.

9. And I want to have a deep and trueful relation with my many neighborhoods.

어색한 부분을 바로 잡으면?

☞관계는 relationships로 항상 복수 설정. 따라서 부정관사 a가 올 이유가 없음. 수사와 소유격이 함께 나올 수 없기 때문에 둘 중에 하나만 선택을 해야 한다. 정리하면,

And I want to have deep and sincere relationships with my neighborhoods.

10. See many things through various person relation and learn.

어색한 부분을 바로 잡으면?

☞다양한 인간관계를 통해 보고 배운다는 의미. 정리하면,

See and learn many things from various human relationships.

11. Also, personer relationships becomes big help in life in society.

어색한 부분을 바로 잡으면?

☞같은 맥락에서 정리하면,

Also, having good human relationships can become advantage in one's life.

12. Big city is various department stores, many shops.

어색한 부분을 바로 잡으면?

☞이 경우가 바로 there be 구문을 쓰면 효율적이라고 볼 수 있다.

There are various department stores and shops in a big city.

13. small town is the object of the there adoration.

어색한 부분을 바로 잡으면?

☞소유격 their를 유도부사 there와 혼동을 하고 있으며, adoration이라는 단어가 원래 의미 보다는 너무 큰 의미이다. 정리하면,

People are longing for living in a small country.

14. And must main government organizations take placed in the city.

어색한 부분을 바로 잡으면?

☞take place는 사건 등이 발생한다는 의미로 주어진 문장에서는 위치하고 있다는 의미가 와야 한다. 이 경우에는 be located in을 써야한다. 정리하면,

And main government organizations must be located in the city.

15. With this reasons, I prefer to live in a big city.

어색한 부분을 바로 잡으면?

☞이러한 이유에서가 수일치가 되지 않고 있다. 전치사는 with는 의미가 통하지 않는다.

For these reasons, I prefer to live in a big city.

3. 의미

1. I feel improvement of English. But it doesn't know before take the test.
어색한 부분을 바로 잡으면?
☞I feel that my English abilities are improved. However, I can not say for sure before I get the test results.

2. I worry about what I hear lectures in winter vacation.
어색한 부분을 바로 잡으면?
☞I am not sure whether I could catch up with the content of the class during the winter vacation.

3. I received your mail very well, thank you!
어색한 부분을 바로 잡으면?
☞우리말로는 편지를 잘 받았다는 의미로 이렇게 말할 수 있겠으나, 영어로 똑같이 옮기면 어색하다. 이 경우에 흔히 많이 사용하는 표현은,
Thanks for your e-mails.

4. There is a chestnut in songpyon, and there is an red bean, too.
어색한 부분을 바로 잡으면?
☞...이 있다는 의미의 there 구문을 사용하는 것은 어색하다. 주어를 바꾸어 문장을 만들면,
I put chestnuts and red bins in songpyon.

5. Then, have a good dream~and spend cheerily this week!!
어색한 부분을 바로 잡으면?
☞Then, have a sound sleep and nice week!

6. But it is the only reason to get some rest what most of people are away on vacation every year.
어색한 부분을 바로 잡으면?
☞구조가 이상해서 의미가 통하지 않는 경우라고 볼 수 있겠죠? 이런 경우, 먼저 말하는 사람의 의도를 파악해 보면, 사람들이 휴가를 떠나는 유일한 이유는 쉬는 시간을 가지기 위한 것이다로 보면 되겠군요. 영역하면
The only and the best reason for people to go away from home is to take a break from every day lives는 어떨까요?

7. rural is good for health.
어색한 부분을 바로 잡으면?
☞학생들의 작문을 보면 문장 처음 시작 부분에 대문자를 쓰지 않는 경우를 많이 볼 수 있다. 어떤 이유에서인지는 모르겠으나, 영어의 모든 문장의 시작은 대문자로 시작한다는 사실, 반드시 기억해두기 바랍니다. 전체적으로 바로 잡으면,
The rural life is good for the health.

8. Therefore environment is better than small town.
어색한 부분을 바로 잡으면?
☞위의 문장은 소도시와 환경을 비교하고 있는데 논리적으로 맞지가 않다.

Therefore, the environment of a small town is better than that of a big one.
소도시의 환경과 대도시의 환경, 즉, 비교의 지점이 같아야 한다.

9. For example, Seoul has a korean-style house which can feel about ancient things.
어색한 부분을 바로 잡으면?
☞관계대명사 which의 주어는? house. 그렇다면 고대에 대한 느낌을 집이 가질 수 있나요?
For example, Seoul has Korean-style houses from which one can feel about ancient things.
고풍의 집이 두 채 이상일 것이며 한국은 고유명사로 대문자를 만들어 주어야 합니다.

10. And besides, In street, there can't enter of any car.
어색한 부분을 바로 잡으면?
☞관용용법으로 길거리에는 이라는 의미는 in the street. 능력의 조동사 can이 나온 것은 주어의 능력을 말한다. 차를 몰고 들어오는 것은 사람의 능력으로 사람 주어를 설정해 주어야 하는데 유도부사 there가 나왔다. 유도 부사 there는 주어가 될 수 없다.

11. when I grow old I want to live a quiet life for the rest of one's days in the country in my old age.
어색한 부분을 바로 잡으면?
☞나이가 들면 시골에서 조용히 살고 싶다는 의미?
When I am old, I want to live in a small country side.

12. As I live in a big city, I can use convenient facilities and spend less.
어색한 부분을 바로 잡으면?
☞무엇을 적게 사용한다는 의미일까요? 문맥으로 보아 생활비가 적게 든다는 의미?
As I live in a big city, I can use convenient facilities and spend less money.

13. you can be easy to move.
어색한 부분을 바로 잡으면?
☞이동하기가 쉽다는 의미. 이런 경우 it for 목적어 to 부정사 구문을 사용하는 것도 좋겠네요. 그리고 불특정 다수 일 경우 one을 사용하는 것이 더 좋습니다.
It might be easy for someone to move from one place to the other.

14. What the most sad part is the he doesn‘t know a color, the blue sky.
어색한 부분을 바로 잡으면?
☞색깔을 알지 못한다는 의미보다는 구별하지 못한다는 것이 맞겠네요.
The most saddest part is he doesn‘t tell the differences among colors.

15. especially when I look at the sky, I usually think that no sky is up there because the sky is filled of lots of buildings.
어색한 부분을 바로 잡으면?
☞하늘에 건물이 잔뜩 있는 것이 아니라, 건물에 가려 하늘을 볼 수 없다는 의미.

Especially when I look at the sky, I usually think that no sky is up there because the sky is filled of lots of buildings.

16. We share their opinions and information what we need.
어색한 부분을 바로 잡으면?
☞관계대명사 what은 관계대명사 중에서도 선행사인 명사나 대명사가 올 필요가 없다.
We share opinions and information that we need.

17. Even if a my place of work is a city, I hope live a small town.
어색한 부분을 바로 잡으면?
☞관사와 소유격은 함께 올 수가 없다. 콤마를 중심으로 주절에는 hope와 live라고 하는 두 개의 정동사가 나왔다. 큰일 났군요. 유통법 위반입니다. live 동사는 자동사. 따라서 목적어를 곧바로 불러 올 수가 없지요.
Even if my work place is located in a city, I hope to live in a small town.

18. Now, I live in seoul near to a big city.
어색한 부분을 바로 잡으면?
☞대도시의 근처 서울. 좀 어색하군요. 서울 외곽지역에 산다는 의미로 보아야겠군요.
Now, I live in the suburbs of Seoul.

19. Accordingly, I want to live in a small town that escape from a hard city life.
어색한 부분을 바로 잡으면?
☞도시의 바쁜 일상이라는 의미로 보아야겠지요.

Accordingly, I want to live in a small town to escape from city's hard life.

20. It is a small town and good town.
어색한 부분을 바로 잡으면?
☞작지만 좋은 곳이라는 의미이겠군요.
It is a small but good town.

21. But in a small town, life doesn't more with a rush.
어색한 부분을 바로 잡으면?
☞주어진 문장에서 구조적으로 문제가 되고 있는 것은 주절의 정동사가 없다는 것이다.
정동사가 온다고 하여도 주어 설정이 문제가 될 수 있다.
But in a small town, one does not need to hurry up.

22. bigger city comes in contact with various many people and learns many things.
어색한 부분을 바로 잡으면?
☞주어 설정이 역시 어색하다. 다양한 사람을 만나고 여러 가지를 배우는 주체는 분명 사람이지 대도시가 아닐 것이다.
From a city, one can meet people from diverse backgrounds and learn many things from them.

23. Because I prefer living in a big city that makes me comfortable.
어색한 부분을 바로 잡으면?
☞문장을 보면 제일 먼저 해야 할 일은 정동사를 찾는 일입니다. 주어진 문장에서 정동사는 무엇이지요? prefer요? 이유를 나타내는 종속접속사 다음에 주어 다음의 동

사라고 한다면,
complex sentence를 유도하기 위해 콤마와 주어 그리고 동사가 와야겠지요.
주어진 문장이 그와 같은 구조를 가지고 있는지요? 아니죠? 완전한 문장이 아니군요.

24. There can be varied places people live.
어색한 부분을 바로 잡으면?
☞places 그리고 people이라는 두 개의 명사가 연결되어 있는 것이 어색하군요.
There are various places for the people to live in.

25. I want to drink a cup of wine in high-rise apartment and conduct city night watch.
어색한 부분을 바로 잡으면?
☞고층건물의 아파트에서 커피 한잔을 마시며 야경을 감상하겠다는 의미로는 너무 큰 단어를 선택한 느낌이 드는군요.
I want to drink a cup of wine from a high-rise apartment and enjoy the night view.

26. I gain many money in days to come.
어색한 부분을 바로 잡으면?
☞문장 시작할 때 대문자를 사용하지 않고 있네요. money는 불가산 명사로 불가산 명사와 짝꿍을 이루는 말은 many가 아니라 much이고요, 의미상으로 매일 돈을 많이 번다는 의미.
gain은 주목이나 존경을 받는다는 의미이지 돈을 번다는 의미로 사용하지는 않는다.
돈을 번다는 의미로 사용할려면? earn. 정리하면,

Everyday I can earn much money.

4. 접속사

1. They loved me so much. But I had a great time with my family.
   어색한 부분을 바로 잡으면?
   ☞가족들이 나를 사랑하고 즐거운 시간을 함께 가졌다는 말은 앞에 나오는 문장과 뒤에 나오는 문장이 논리적으로 순접의 의미이다.
   They loved me so much, so I had a great time with my family.

2. today, I was go 'karaoke'. you know where? this is sing-room, sell alcoholic liquor too.
   어색한 부분을 바로 잡으면?
   ☞글쓴 사람의 말하려는 의도가 노래방이면서도 술을 판다. 즉, 역접의 의미이다.
   today, I went to 'karaoke'. You know where? It is a sing-room, but they sell alcoholic liquors, too.

3. A big city offers to enjoy various opportunity, convenience to people.
   어색한 부분을 바로 잡으면?
   ☞A big city offers various opportunities and convenience to people.

4. There are various institutes, extracurricular work.
어색한 부분을 바로 잡으면?
☞There are various institutes and extracurricular work.

5. If we take any class, there are many good teachers, famous educational institutions in a big city.
어색한 부분을 바로 잡으면?
☞good teachers와 famous educational institutions 두 개의 명사구를 연결하는 방법은 콤마로만 연결할 수는 없다. If we take any class, there are many good teachers and famous educational institutions in a big city.

6. It's a very beautiful, quiet town.
어색한 부분을 바로 잡으면?
☞It's a very beautiful and quiet town.

7. I had to wait for a long time to take a taxi, a bus.
어색한 부분을 바로 잡으면?
☞I had to wait for a long time to take a taxi and a bus.

8. I missed the suffocating air, the street noise, smell of Seoul in a train to go to Seoul.
어색한 부분을 바로 잡으면?
☞I missed the suffocating air, the street noise, and the smell of Seoul when I go to Seoul.

9. Moreover small town usually contain friendly, tight-knit communities that make living there a wonderful experience.
어색한 부분을 바로 잡으면?

☞Moreover, a small town usually contains friendly and tight-knit communities that make living there a wonderful experience.

10. And there are many hospitals, schools close our houses.
어색한 부분을 바로 잡으면?
☞And there are many hospitals, schools close our houses.
어색한 부분을 바로 잡으면?
And there are many hospitals and schools close to our houses.

11. I will often miss country's beautiful sceneries, quiet roads,
어색한 부분을 바로 잡으면?
☞I will often miss country's beautiful sceneries and quiet roads,

12. but I like the city with tall buildings, crowded traffics.
어색한 부분을 바로 잡으면?
☞but I like the city with tall buildings and crowded traffics.

13. there is flesh air, wildlife.
어색한 부분을 바로 잡으면?
☞there are fresh air and wildlife.

14. It was too quiet, too inconvenient.
어색한 부분을 바로 잡으면?
☞It was too quiet and inconvenient.

15. If I live in small town, it will be difficult to access the concert, exhibitions.
    어색한 부분을 바로 잡으면?
    ☞If I live in a small town, it will be difficult to access the concert and exhibitions.

16. and always try to live better, favorite place.
    어색한 부분을 바로 잡으면?
    ☞and always try to live better and favorite place.

17. There are lots of people, many vehicles in a big city.
    어색한 부분을 바로 잡으면?
    ☞There are lots of people and many vehicles in a big city.

5. 병렬 구조

영어에서 두 단어를 연결할 경우에 접속사를 사용한다. 예를 들면, an apple and a banana. 그러나 셋 이상의 단어를 연결할 경우에는 콤마와 접속사를 사용한다. 예를 들면, an apple, a banana, and three oranges. 이처럼 콤마와 접속사를 중심으로 같은 기능을 수행하는 단어를 연결하는 방법을 병렬 구조라고 한다.

1. If it is Chusok, I meet my relative, eat tasty food, have a chat..and so on.
   어색한 부분을 바로 잡으면?
   ☞병렬 구조의 대상이 셋이므로 A, B, and C로 만들어 주어야 한다.

In Chusok, I meet my relatives, eat tasty food, and have a chat.

2. There are a restaurant, sleeping room and health club...and so on...!
어색한 부분을 바로 잡으면?
☞There are a restaurant, a sleeping room and a health club...and so on...!

3. I attend a lecture, every Monday, Tuesday, Friday.
어색한 부분을 바로 잡으면?
☞I attend a lecture, every Monday, Tuesday, and Friday.

4. My family number is three : Father, mom and me.
어색한 부분을 바로 잡으면?
☞My family number is three : Father, mother, and myself.

5. Unhappy when I didn't pray God, He gives me joy, power and satisfaction.
어색한 부분을 바로 잡으면?
☞Unhappily when I didn't pray God, He gives me joy, power, and satisfaction.

6. There are many people, cars, building.
어색한 부분을 바로 잡으면?
☞There are many people, cars, and building.

7. In Seoul, there are several kinds of Institutes like language, music, Taegundo, cook etc.
어색한 부분을 바로 잡으면?
☞In Seoul, there are several kinds of institutes like language, music, Taegundo, cook, and etc.

8. Finally, I can meet many people so I can make many friends among group meeting, shcool, institute.
어색한 부분을 바로 잡으면?
☞Finally, I can meet many people so I can make many friends among group meeting, school, and institute.

9. As I have an image that living in a small town is much in reserve and peaceful, However to live in big city is polished, busy…speedy.
어색한 부분을 바로 잡으면?
☞As I have an image that living in a small town is much reserved and peaceful, to live in a big city is polished, busy, and speedy.

10. For example, theater, museum, concert, and musical.
어색한 부분을 바로 잡으면?
☞For example, theater, museum, concert, and music.

11. For example department store, cinema house, concert hall, great park and so on.
어색한 부분을 바로 잡으면?
☞For example, department store, cinema house, concert hall, great park, and so on.

12. Small town has indisoensable institution for instance hospital, departmentstore, school etc.
어색한 부분을 바로 잡으면?
☞Small town has indisoensable institution, for instance, hospital, department store, school, and etc.

13. There are many subways, various foods, many people and many jobs.
어색한 부분을 바로 잡으면?
☞There are many subways, various foods, many people, and many jobs.

14. But the city is polluting, because of many people, factories, buildings.
어색한 부분을 바로 잡으면?
☞But the city is polluted, because of many people, factories, and buildings.

15. Such as a big mosquito, grasshopper, moth and a pine caterpillar.
어색한 부분을 바로 잡으면?
☞Such as a big mosquito, grasshopper, moth, and a pine caterpillar.

16. There are too many theaters, department stores, hospitals, restaurants.
어색한 부분을 바로 잡으면?
☞There are too many theaters, department stores, hospitals, and restaurants.

17. I can watching movies, shopping, playing.
어색한 부분을 바로 잡으면?
☞I can watch movies, shopping, and playing.

18. A big city is a center of politics, economy, culture.
어색한 부분을 바로 잡으면?
☞A big city is the center of politics, economy, and culture.

19. There are many universities, academies and culture centers.
어색한 부분을 바로 잡으면?
☞There are many universities, academies, and cultural centers.

20. They have major medical centers, convenient traffic network, a lot of commodities and diverse services.
어색한 부분을 바로 잡으면?
☞They have major medical centers, convenient traffic network, a lot of commodities, and diverse services.

21. It has movie theaters, playhouses, museums and so on.
어색한 부분을 바로 잡으면?
☞It has movie theaters, playhouses, museums, and so on.

6. 영작 SOS 1. 관용용법

여러분들의 작문에서 사용된 관용용법 중 어색한 부분만 별도로 모아서 정리하였습니다. 이번 기회에 완전히 익혀 두기 바랍니다.

1. The members of the choir practice singing after worship at a weekday.
   ☞The members of the choir practice singing after worship on a weekly basis. (주단위로)

2. So, she says that she can recognize what we are thinking and doing,
   ☞So, she says that she can recognize what we are thinking of and doing, (...을 생각하다)

3. By the way, I envy you because you and your brother are studying at same university.
   ☞By the way, I envy you because you and your brother are studying at the same university.
   관용용법으로 항상 the와 같이 온다는 사실 명심하시길. 뜻은 ...과 같은.

4. They were also graduated from same high school.
   ☞They were also graduated from the same high school.

5. I was falling on a sleep.
   ☞I was falling asleep. (잠이 들다)

6. He is same age with me,
   ☞He is the same age with me,

7. You take care a cold.
   ☞You take care of a cold. (...을 조심하다)

8. Let's do best together.
☞Let's do our best together. (do one's best: 최선을 다하다)

9. I graduated from Chungdae school, Bangyi middle school, and Karak high school.
☞I was graduated from Chungdae school, Bangyi middle school, and Karak high school.
관용적으로 ...를 졸업하다는 be graduated from을 사용한다.

10. I graduated from Calvin.
☞I was graduated from Calvin.

11. Especially, 'Attachment' is impressed to me.
☞I was impressed with the word, 'Attachment'.
be impressed with: ...로 인상을 받다.

12. Therefore, if I were an English teacher, I wish I am on intimate term with my students.
☞Therefore, if I were an English teacher, I wish I am on intimate terms with my students.
am on intimate terms with: ...과 좋은 관계를 가지다 (관용적으로 복수형 terms를 사용한다.)

13. I love my father who dedicate to my family.
☞I love my father who is dedicated to my family. (...에 헌신적인)

14. In addition to my old brother is a student in an art subject.
게다가, 추가로라는 의미는 in addition이며, in addition to 다음에는 명사 또는 명사구가 온다. 정리하면,
☞In addition, my old brother is a student in an art subject.

15. How about for a your last week?
How about은 ...하는 것은 어떻습니까의 의미로 그 다음에 명사 또는 명사구가 온다. 정리하면,
☞How about your last week?

16. I had a hard time to weekend.
주말동안에 힘든 시간을 보냈다는 의미? 정리합니다.
☞I had a hard time during the weekend.

17. I breaked my boy friend.
☞I made a break with my boy friend. (...와 헤어지다)

18. Still I was suffocated when I think him.
☞Still I was suffocated when I thought about him.
(...에 대하여 생각해 보다)

19. Don't speak that story anyone.
speak은 주로 자동사로 사용한다. 예를 들면, I will speak to her about it. 정리하면,
☞Don't speak that story to anyone.

20. Go-hung is most south in Korea.
☞Go-hung is the southern end of Korea. (남단)

21. These were beyond description for beauty.
너무 아름다워 말로다 표현 할 수가 없다는 의미라면, too... to 용법은 어떨지요?
☞It is too beautiful to describe.

22. Mok po is located the northern part of Jun Ra-Do.
☞Mok po is located in the northern part of Jun Ra-Do. (...에 위치하다)

23. At the evening, her friends visited to her and she looked very joyful.
☞In the evening, her friends visited to her and she looked very joyful. (저녁에)

24. Since that time, we have made a lose friendship with each other.
☞Since that time, we were quite detached from each other. (...과는 멀어지다)

25. Hi~~ I am glad to hear your voice ^^
☞Hi~~ I was glad to hear from you ^^ (...에게 소식을 듣다)

26. Anyway, that's it about my mail.
☞Anyway, that's all. (이게 전부야)

27. I am afraid for you.
☞I am afraid of you. (...을 두려워하다)

28. Be careful your body.
☞Be careful of your body.

29. What fast time is passed me!
☞Time flies like an arrow.
(시간이 빨리 지나간다는 의미로 자주 사용하는 표현)

30. Are you preparing the mid test?
☞Are you preparing for the mid test? (...을 준비하다)

31. How are you weekend?
☞How about your weekend? (...은 어때?)

32. Have you nice day.
☞Have a nice day. 관사와 소유격이 같이 나오지 않습니다. 둘 중 하나만 나오는 것이 관용용법입니다.

33. He often listens to music.
☞He often listens to the music.

34. How shall I do it?
☞What can I do (about it)? (나보고 어쩌란 말이야?)

35. Because she graduated Wonkwang University,
☞Because she was graduated from Wonkwang University,

36. My class is Monday to Wednesday.
☞My class is from Monday to Wednesday.

37. I should go to an English academy after a while.
☞I should go to an English academy sooner or later.

38. Let's see in following mail.
다음번 메일에서 무슨 일이 있었는지 알려 달라?
☞Let me know what is going on in the following mail, OK?

39. On today, it was cooler than an other day.
☞Today was cooler than the other days. (다른)

40. I think I'm quite patient and responsible everything.
☞I think I'm quite patient and responsible for everything. (...에 책임감이 있는)

41. It is famous as our country's traditional festive days.
☞It is famous for traditional festival days. (...으로 유명하다)

42. Most of students who visited the modern campus left unimpressed.
☞Most of the students who visited the modern campus left unimpressed.
대부분의, 대다수의 라는 의미는 most, the majority of, almost all이 있는데 반드시 기억한다.

43. Finally, the relatives from far arrived.
☞Finally, the relatives from far away arrived.
(멀리 떨어져서 사는)

44. Special Education department is divided elementary and secondary education.
☞Special Education department is divided into elementary and secondary education. (...으로 나누어지다)

45. But I take interest in impeachment motion.
☞But I am interested in the impeachment motion.

46. I wait your reply letter.
☞I will wait for your reply. (...을 기다리다)

47. I think I am sensitive at spring.
☞I think I am sensitive to spring. (...에 민감하다)

48. He is same age with me.
☞He is the same age with me. (동갑)

49. Seunghee graduated at college.
☞Seunghee was graduated from at college.

50. This is all for now.
☞That's all for today. (이게 전부요)
☞Let me call it a day. (이게 전부요)

51. I stayed up lately night finishing some work.
☞I stayed up all night finishing some work. (밤을 세우다)

52. Anyway..... sorry I kept you waiting my mail.
☞Anyway..... sorry I kept you waiting for my mail.

53. The topic of the presentation was so hard and unfamiliar that I had difficulty writing.
☞The topic of the presentation was so hard and unfamiliar that I had difficulty in writing.
(....하는데 있어 어려움을 겪다)

54. I thought she graduated this February.
☞I thought she was graduated from Cheonan University this February.

55. Despite of this fact, It is a mystery to me that I still like him a lot.
☞Despite this fact, it is a mystery that I still like him a lot.
(...에도 불구하고)

56. Anyway, because I have interest for you, I want to know you little more.
☞Anyway, because I am interested in you, I want to know a little more about you.

57. Because of there is no my contact lens, It is hard that I see O.H.P.
☞Because I did not carry my contact lens, it was hard for me to see the letters from O.H.P.
(Because 주어+동사, because of+구. 뜻은 둘다 …때문에)

58. Are you feel same me?
☞Do you feel the same me?

59. Almost citizen think that candidates of opposition party are so bad because they impeached president for no particular reason.
☞Almost all citizens think that candidates of opposition party are very bad because they impeached the president for no particular reason. (거의 대부분의)

60. Besides, I have to work in evening.
☞Besides, I have to work in the evening. (저녁에)

61. If I'm late at dinner time, I'll not eat.
☞If I'm late for dinner time, I'll not eat.

62. Be care of getting a cold~~~*^0^*
☞Be careful of getting a cold~~~*^0^* (....을 조심하다)

63. So I cannot see him, but he sometimes calls a phone me.
☞So I cannot see him, but he sometimes calls me. (전화를 하다)

64. So I am looking forward to receive your e-mail.
☞So I am looking forward to receiving your e-mail. (...을 학수고대하다)

65. And please just think me a comfortable friend of yours.
☞And please just think me as a comfortable friend of yours. (A를 B로 간주하다)

66. Do you have a plan in summer vacation?
☞Do you have a plan for summer vacation?

67. My hobby sames you.
☞My hobby is the same with yours. (...과 같은)

68. But I have not seen a movie long time.
☞But I have not seen a movie for a long time. (오랫동안)

69. She likes blue and sea so much.
☞She likes the blue sea very much.

70. Do you familiar with him or her?
☞Are you familiar with him or her?

71. Yet I must sang a song music.
☞Yet I must sing songs.

72. So, I want to go on travel like this summer vacation.
☞So, I want to go on travel during this summer vacation.

73. And take care yellow sand.
☞And take care of yellow sand.

74. Let's have a go at it.
☞Go for it! (...하러 가자)

75. I guess you're same as I.
☞I guess you're the same as I.

76. I can't see what to do...
☞I don't know what to do...
(무엇을 하여야할지 잘 모르겠다)

77. When I heard your message, I was very surprised to your illness.
☞When I heard your message, I was very surprised at your illness. (...에 깜짝 놀라다)

78. Because of time is money, money is paid for a hard working,
☞Because time is money, money is paid for a hard working,

79. Foot soccer is to kick a ball using of foot!
☞Foot soccer is to kick a ball by using foot! (...을 사용하여)

80. Because of Anxiety has turned her hair gray...
☞Because anxiety has turned her hair gray...
(Because 다음에는 주어+동사)

81. So, she tastes differs with me.
☞So, her tastes are different from me.

82. She have a fair skin differs with me.
☞She has a fair skin which is different from me.

83. So, My mother seems young for her's age.
☞So, my mother seems younger for her age.
(실제 나이보다 어려 보이는)

84. I completed the mail difficultly because I did not speak English well.
☞I had a difficulty in exchanging e-mails because I did not speak English well.

85. We meet the every week Tuesday.
☞We meet every Tuesday. (매주 화요일마다)

86. I slept for long.
☞I slept for a long time. (오랫동안)

87. I'm most good sleeping.
☞Mostly I sleep well.

88. I work in weekend.
☞I work in the weekend. (주말에)

89. And I am happy to have a same religion.
☞And I am happy to have the same religion.

90. I was surprised that we have same class on Tuesday, too.
☞I was surprised that we have the same class on Tuesday, too.

91. Anyway, I don't interested in English Composition,
☞Anyway, I am not interested in English Composition,

92. I try to make a interesting by composition.
    ☞I try to motivate myself to English Composition.

93. I did my shopping to the Kang-Nam with my intimate sister in yesterday.
    ☞I went shopping with my close sister yesterday.

94. There was so hot.
    ☞It was so hot. (날씨나 기후의 it)

95. How have you fared in exam?
    ☞Did you do a good job in your exam? (결과가 좋다. 잘하다)

96. I'm spoil a exam.
    ☞I am screwed up for my exam. (시험을 망치다)

97. ...and talking after a long time.
    ☞...and talking for a long time.

98. I'm taking interest in watching NBA games,
    ☞I'm interest in watching NBA games,

99. If your hobby is same with me, I feel so good.
    ☞If your hobby is the same with me, I feel so good.

100. Cho Sung Mo is famous for many young people.
    ☞Cho Sung Mo is known to many young people.
    (...에게 알려져 있다)

101. I think she is the best mother in the world because she is very devout to family.
☞I think she is the best mother in the world because she is very devoted to family.

102. I am always pleasant because of they are always there.
☞I am always pleasant because they are always there.

103. When we first met, we are high school students and gaind courses in the same class.
☞When we first met, we are high school students and took courses in the same class.

104. I'm majoring at English.
☞I'm majoring in English.

105. However, I hope that you pray about me.
☞However, I hope that you pray for me.

106. I went to Song Woo resort with English major students April 1~3.
☞I went to Song Woo resort with English major students April 1 through 3.

107. So we got a prize a pork hock.
☞So we got a pork hock for a prize.

108. Sooner of late I will arrange hours to go to the movies.^^
☞Sooner or later, I will arrange hours to go to the movies.^^

109. Thank you worried me..
☞Thank you for worrying me...

110. I saw bad news about your bag.
☞I heard through the grapevine that you lost your bag.

111. There is good weater nowdays.
☞It is so good a weather these days.

112. I congratulate escape from solo.
☞I congratulate you on your escaping from solo.

113. Is your birthday 13th June?
☞Is your birthday 13th of June?

114. My birthday is 1st May.
☞My birthday is 1st of May.

115. Nowadays, I fall in guitar that is very exciting~~
☞Nowadays, I am indulged in playing a guitar.
(...에 몰두하다)

116. I think the drum is terrific on you^^.
☞You are fish in the water when you play the drum.
(즐기다)

117. I was born in Seoul at December 18. 1982.
☞I was born in Seoul on December 18th, 1982.

118. I always make an effort to see a bright portion.
☞I always make an effort to see the bright side of the life.

119. We could not meet the other day because of he's working.
☞We could not meet the other day because of his working.

120. Nowadays are very sunny but today is chilly.
☞Nowadays, it is very sunny, but today, it is chilly.

121. There was two hours distant from Seoul by car.
☞It is two hours distance from here to Seoul by car.

122. I'm very busy because of study for an examination these days.
☞I'm very busy because of studying for an examination these days.

123. Have well a weekend~~
☞Have a nice weekend~~

124. Take well examination!!
☞Let me cross my fingers for your success in the mid-term exam.

125. Take of yourself.
☞Take care of yourself.

126. We should be understandable each other,
☞We should understand each other,

127. If we placed oneself in another's place, we may not fight a lot.
☞If we are in another person's shoes, we may not fight a lot.

128. ...and we have same hobbies with friend.
☞...and we have the same hobbies with friend.

129. ...we liked a same subject in high school.
☞ ...we liked the same subject in high school.

130. I did not know how to say because I mailed you first time.
☞I did not know how to say because I mailed you for the first time.

131. I was surprised that we have same class on Tuesday.
☞I was surprised that we have the same class on Tuesday.

132. From Kangnam to Pucheon takes about two hours.
☞It takes about two hours from Kangnam to Pucheon.

133. Actually today's goal was that I try to get up early morning and go to a library.^^;;
☞Actually today's goal was that I try to get up early in the morning and go to a library.^^;;

134. Almost exam take next week.
☞Almost all exams will start from next week.

135. I'm not good with English grammar and write in English.
☞I'm not good at English grammar and writing in English.

136. So, I will try my best.
☞So, I will try to do my best.

137. When I say about my schedule a week. I used to go to school three days a week,
☞When it comes to my schedule, I used to go to school three days a week,

138. I think you row in the same boat with me.
☞I think you and I are in the same boat.

139. He was always filled of confidence and happiness.
☞He was always filled with confidence and happiness.

140. Mi Jung is one of my best friend.
☞Mi Jung is one of my best friends.

141. I want to tell you about one of funny story that happened to me before.
☞I want to tell you about one of funny stories that happened to me before.

142. How was going on?
☞How is it going?

143. I'm so glad to meet you at the first opportunity.
☞I'm so glad to meet you for the first time.

144. There is a girl who has same name as yours.
☞There is a girl who has the same name with yours.

145. So he is popular about girls.
☞So he is popular with girls.

146. So I went to church with my parents despite I was sick.
☞So I went to church with my parents despite my sickness.

147. Do you okay??
☞Are you okay??

148. They gave me a birthday present such a pocket money.
☞They gave me a birthday present such as a pocket money.

149. I feel tired, so I want to go to the bed.
☞I feel tired, so I want to go to bed.

150. As I age, my mother got old much.
☞As I grow older, my mother becomes older, too.

151. We are same building.
☞We are in the same building.

152. ...but I satisfied that.
☞ ...but I am satisfied with that.

153. I have a lots of homework. wow~!
☞I have a lot of homework. wow~!

154. I usually absented from her birthday.
☞I was usually absented from her birthday.

155. My hobby is reading and listening music.
☞My hobby is reading books and listening to the music.

156. I hope today is good to you!!
☞I hope today is good for you!!

157. And I agree to that.
☞And I agree with that.

7. 영작 SOS 2. 수 일치

수 일치란 주어와 정동사의 수 일치, 명사 특히 가산명사의 수 일치, 그리고 시제 일치를 말한다. 예를 들면, She think about every matters very carefully.

주어진 문장에서 주어가 단수이므로 단수 동사가 와야하나, think라는 복수 동사가 왔기 때문에 주어와 동사의 수 일치가 되고 있지 않다. 정리하면, She thinks about every matters very carefully.

아래의 문제를 풀고 답을 확인해 보기 바란다.

1) 주어와 정동사의 수 일치

아래의 문제를 풀어보고 답을 확인하시오.

1. She want to be a middle school teacher.

2. Two of them is my old friend.

3. I don't think so because a teacher are a guide to students' lives.

4. The student get tired of rivalry of other friends.

5. But anyone ask me a question,

6. So he always take part in team meeting once in a week.

7. The meaning of mountain wizard is a person who keep his (or her) mountains.

8. I want to know why you doesn't recive my call.

9. And you doesn't read my letter.

10. It drive me crazy.

11. She have a job now.

12. She usually go to the movies once or twice a week.

13. She is a Christian and go to church on Sunday.

14. And she always take moderate exercise everyday.

15. My hobbies is listening to the music and watching movies.

16. It sell sandwiches.

17. She always bring smile on my face.

18. Their name is Son Somi, Park Heehyun, and Kim Seunghee.

19. Heehyun major in Literature Production.

20. But I thanks to her because she has waited for me until my discharge from the military service.

21. There were many people, who came from the other university, so the place was crowded.

22. She laugh easily at the minor things.

23. She is a bit of a tomboy and enjoy talking with her friends.

24. Her hobby are writing a letter and going to the movies.

25. I think it put me in a good mood.

26. My teacher, Erica and Paul, give a lot of homework to me.

27. What he and I want to do are different.

28. My family have to always eat meal together.

29. When he get drunk, he tell joke very well.

30. I have no boyfriend who give me some candies.

31. I hope that we will become good e-mail friend.

32. Lots of school work has keep me busy.

33. She teach Koran in an academy.

34. If someone ask me like that, I have full assurance that she is my older sister.

35. She major in art.

36. The long hour of study and homeworks bothers me.

37. That is best friends.

38. Koamegi taste more good in cold weather.

39. And there is soccer team, sea and so on.

40. During meet friends, I think also my friends is very nice.

41. But I believe that my parter understand me.

42. She always enjoy chatting with people.

43. My parents lives in Inchon,

44. I think U-Ri approach everything in a little rash.

45. Someone ask me..

46. You looks so good!!

47. You looks pretty pig^^hoho

48. He resemble Ricolas cage.

49. You don’t seems to be 30 years old.

50. However, I thanks to God about my life.^^

51. So, we seems familiar with her from now.

52. When I am angry or sad, my sister give a happiness.

53. My mother always clean my house and wash our family laundry.

54. Every morning, she water a plant.

55. Therefore, he get angry.^^

56. He sit in front of the window seat.

57. Then, my father and many peoples that supported him was congratulating him on his success.

58. It was a bit of disappointment not only to my father, but also many people whom he knew.

59. So my father, our family, and many people that have known him will be say....

60. I think one of the most important and hardest job in the world is taking care of children.

61. But she always say oh! Kyuhan have a friend!!!

62. She always scare when her old sister go out for work.

63. Also, warm of spring make me restless.

64. Hot sunlight and the green trees, cool seashore etc.. is very good.

65. This is my precious memories. two hundreds WON!

66. We lives in In-Cheon.

67. Our family lives in an apartment at In-Cheon.

68. She likes to meet her friends and go to the movies during the weekend.

1. She wants to be a middle school teacher.
2. Two of them are my old friend.
3. I don't think so because a teacher is a guide to the students' lives.
4. The students get tired of rivalry of other friends.
5. But anyone asks me a question,
6. So he always takes part in team meeting once a week.
7. The meaning of mountain wizard is a person who keeps his (or her) mountains.
8. I want to know why you did not receive my call.
9. And you did not read my letter.
10. It drives me crazy.
11. She has a job now.
12. She usually goes to the movies once or twice a week.
13. She is a Christian and goes to church on Sunday.
14. And she always takes moderate exercise everyday.
15. My hobbies are listening to the music and watching movies.
16. It sells sandwiches.
17. She always brings smile on my face.
18. Their names are Son Somi, Park Heehyun, and Kim Seunghee.
19. Heehyun majors in Literature Production.
20. But I thank to her because she has waited for me until my discharge from the military service.
21. There were many people, who came from the other universities, so the place was crowded.
22. She laughs easily at the minor things.
23. She is a bit of a tomboy and enjoys talking with her friends.
24. Her hobby is writing a letter and going to movies.

25. I think it puts me in a good mood.
26. My teacher, Erica and Paul, give a lot of homework to me.
27. What he and I want to do is different.
28. My family always has to eat meal together.
29. When he gets drunk, he tells joke very well.
30. I have no boyfriend who gives me some candies.
31. I hope that we will become good e-mail friends.
32. Lots of school work have kept me busy.
33. She teaches Koran in an academy.
34. If someone asks me like that, I have full assurance that she is my older sister.
35. She majors in art.
36. The long hour of study and homework bother me.
37. We are the best friends.
38. Koamegi tastes more good in cold weather.
39. And there are soccer team, the sea and so on.
40. During meeting friends, I think also my friends are very nice.
41. But I believe that my parter understands me.
42. She always enjoys chatting with people.
43. My parents live in Inchon,
44. I think U-Ri approaches everything in a little rash.
45. Someone asks me..
46. You look so good!!
47. You look pretty pig^^hoho
48. He resembles Ricolas Cage.
49. You don't seem to be 30 years old.
50. However, I thank to God about my life.^^
51. So, we seem familiar with her from now.
52. When I am angry or sad, my sister gives a happiness.
53. My mother always cleans my house and washes our family

laundry.
54. Every morning, she waters a plant.
55. Therefore, he gets angry.^^
56. He sat in front of the window seat.
57. Then, my father and many people that supported him was congratulating him on his success.
58. It was a bit of disappointment not only to my father, but also many people of whom he knew.
59. So my father, our family, and many people that have known him will say....
60. I think one of the most important and hardest jobs in the world is taking care of children.
61. But she always says oh! Kyuhan has a friend!!!
62. She is always scared when her old sister goes out for work.
63. Also, warm of spring makes me restless.
64. Hot sunlight, the green trees, cool seashore etc.. are very good.
65. This is my precious memory. Two hundred wons!
66. We live in In-Cheon.
67. Our family live in an apartment in In-Cheon.
68. She likes to meet her friends and goes to the movies during the weekend.

2) 명사 특히 가산명사의 수 일치

아래의 문제를 풀어보고 답을 확인하시오.

1. I think I am lazy girl^^;

2. Both you and your brother are Cheonan University student?

3. Fortunately, her hair style were pretty.

4. Although my English is unskillful, thank you for reading my e-mail.

5. Specially, I want to translate movie or books.

6. I think that you spend good time.

7. I worked for part time job recently.

8. It's so difficult to teach child.

9. Sometimes, I think that it is good to exchange mail in English.

10. My baby was born in faithful family.

11. I became Chong Shin graduate student.

12. I can say that I have three answer.

13. To begin with, if I am an English composition teacher, I will have a three purpose.

14. They may get more thing afterwards,

15. My father is 49 years old in this year, and is architect.

16. For that reasons, I will introduce myself today.

17. It is not my story, but I hope to be great person.

18. Like big fire.

19. So Go-hung is perfect place for the view of blue water.

20. I like all game that I can.

21. We watched TV and ate slice of raw fish and had a drink.

22. We wanted to be good friend.

23. It's clean city^^

24. I went to movie with my friends again.

25. I am so so so so so very very very very sorry to send late mail to you .

26. The doctor poked a needle in my knee for four time.

27. I have friend living in Gang-nan in Seoul,

28. Generally peoples say that nothing is the end of studying.

29. People generally say that an woman should be beautiful and slim.

30. There is no other ways for it.

31. Mother is house keeper.

32. Older brother is Chonan university student.

33. I don't have money and time because I lost thirty pieces of bus ticket last week.

34. It was very terrible accident.

35. But I haven't seen movie lately.

36. It's big problem.

37. Jogging is very good exercise.

38. I have much examinations next week.

39. She is pretty girl.

40. It gets warm these day.

41. I am catching cold.

42. I had many homework.

43. I should go to English academy.

44. I did part-time job today.

45. Do you like rain day?

46. If there is recollection which remains in memory among them, it may be travel with friends during high school day.

47. I want to be a English teacher

48. My father works at company, and mother is just a housekeeper.

49. Also, I hope to have great time.

50. It was great movie.

51. We were in the same class two time by chance.

52. My sister major in Nursing Science.

53. It is very exciting to exchange E-mail with person whom I don't know.

54. Today is white day.

55. I have boyfriend whom I met two years ago.

56. I look for candy.

57. I believe that we are going to became good E-mail friend.

58. Frankly speaking, my boyfriend broke his promise, so I got angry.

59. We bought nine flower.

60. Do you like flower?

61. She become 22 years old.

62. We talked about many thing.

63. Moreover I must write my diary because Patrick give me homework.

64. We had good time^^

65. Do you have person who give you candy?

66. And Kim Sun is very thoughtful friend.

67. At last, I have boyfriend who is 25 years old.

68. It was good experience to me.

69. I will be teacher of English.

70. I hope you prepare well for the test and get a good result.

71. We are good friend.

72. I have much examination this week

73. Does the weather sizzle these day?

74. It's nice weekend, isn't it?

75. We are friend until our death.

76. Because my mail level is not as high as you, I worry my mail exchange.

77. I have nothing-purse, bag, and a book.

78. For these reason, my lecture time is very hard.

79. But I feel that Yo-Su is precious city because there is my happy recollection.

80. I believe it was very romantic and happy moment.

81. My only pride is writng letter well...^^

82. My favorite musician is Radiohead, English rock band..

83. But I was a little busy because there were many homeworks.

84. I was also embarrassed today when I faced confusing quiz.

85. It's pleasant midnight..!!

86. Today is election day that we elect congressman.

87. So I thought very deeply about electing good man.

88. Recently I was very busy for my homeworks.

89. And then we played many board game in a board game-room.

90. Her job is house keeper and the president of Po-Chon chicken.

91. She has several license.

92. And he is more handsome than any other friend of mine.

93. He likes collecting a stamp.

94. When I become tired, I am doing mind control.

95. I am Christian.

96. Are you drinker?

97. Today is tired day for me.

98. Sometimes, it is fun to plan journey.

99. So we went to pork restaurant.

100. However there was friend who come after a long time.

101. However, I want to be stewardess.

102. My best friend is elementary school friend.

103. Every day, I am sorry to send late mail.

104. Too many homeworks are driving me crazy~

105. But, my mother prepares for a animal food.

106. We made a six person in one group.

107. One man was still cool, and good painter.

108. There was very handsome guy.

109. He had a abrupt manner.

110. Have nice Day!!

111. Have a good dreams!

112. Let's plant tree in a mountain next year.

113. And I am university student.

114. My brother is like friend.

115. Steelworks is very big company.

116. I think Po Hang is very good city.

117. But it was great time because after a long time I meet family and friends.

118. First, with my friend, I went to playing room, and singing a song together.

119. Tomorrow I have test.

120. Today I took English test.

121. The reason why she have to do lots of things is she is mother.

122. She still works all of house chore.

123. Rumikyubeu is board game.

124. He has girl friend.

125. When we first met, we were a high school student in the same class.

126. One person became a kindergarten teacher, and the other became nurse.

127. My mother is a full time housewife and stay at home.

128. I have friend that I can open my mind.

129. Did you wonder whether I have boyfriend?

130. I have boyfriend.

131. He is company employee who is doing a computer work.

132. Hong Kong is attractive city.

133. I went to Song Woo resort with English major student from April 1 through 3.

134. He took a photograph of no less than 230 pieces.

135. We played many games and drank Soju until 5 a.m.

136. For a while, it will be a hard time for me to send a e-mail.

137. She go to Kyongwon University and she is a junior.

138. We caused many accident,

139. We are praying for friend.

140. And ...I will give you nick name~~exciting...hoho

141. Maybe I'm stoker hoho funny guy.

142. Gangneung is clear city.

143. Next time, I will write long letter.^^

144. I met a lot of kind person.

145. My father is builder, and my mother is hotelier.

146. And I'm affirmative person.

147. Do you have boy friend?^_^

148. If you have boy friend, I wonder about your boy friend.

149. As you know, last weekend was fine day, so every flowers come into full.

150. It was beautiful scenery.^_^

151. After flower-viewing, we rode a bicycle and took a pictures.

152. I spent happy weekend.

153. Anyway yesterday was unlucky day.

154. On the other hand, I felt uneasy about those story.

155. Today, I worked part time job at wedding hall.

156. The marvel is that we sang a song for three hours.

157. I'd like to go to the park with friend or girl friend.

158. I am not Christian, but cried very much.

159. I'm very busy because of studying for an examination these days.

160. I went to movie.

161. I am not Christian

162. So I hope to eat pasta in romantic restaurant.

163. I wish you goodnight.

164. When the World Cup opened in Korea and Japan, I sent e-mail to him.

165. Have a sweet dreams~~~~*

166. It's long time.

167. I always remember that I have to send a e-mail to you.

168. I took many photograph near a guesthouse.

169. According to what you say, I hope to be good friend too.

170. I took many photo.

171. I really have spent great time with my friends.

172. I'm student of Cheonan University.

173. My vision is to become a English professor.

174. I have only three day class a week like last year.

175. He was born in countryside.

176. The other hands, he is very kind and warm person at something.

177. Money is not everything in our life.

178. He was example of my life.

179. I like a water and shining sun.

180. Winter is good season, too.

181. Today is very hard time for me.

182. Did you catch cold?

183. My favorite memory might be killing piggy -_-;;

184. So, we only took a exam.

185. My friends are soldier.

186. Do you have many exam next week?

187. Wednesday, I have two exam.

188. Tuesday and friday, I always have a Quizz.

189. Did you have many exam?

190. We had a very nice time, and met many peoples that we had heard from television, newspapers, and radio.

191. My father heard a messages, and he deceived other people here and there.

192. In addition, she don't know how many friends I have!

193. I have father mother and old brother.

194. It will be great if you can tell me the homeworks that we have today.

195. The weather is so fine these day.

196. So I can't send picture to you now.

197. If so, you should not send picture. ^^

198. First, he is very kind and warm hearted person.

199. He is very warm hearted person.

200. Do you like flower?

201. I have had a terrible cough for one weeks.

202. I think we will be a good friends.

203. Today is nasty day.

204. I hate rainy day.

205. I like shiny day.

206. And I moved to Song-tan when I was child.

207. It was very fantastic time.

208. A birthday is always happy day.

209. I think I keep good company.

210. And I am bad daughter who does not take mother's advice seriously.

211. I wished to become daughter who is better than her mother.

212. I'm fourth-year student.

213. It seem to be the best if I am a student.

214. But, unfortunately, I don't have homepage.

215. I seem to have all homepages one by one these day.

216. I am going to write to you again several day later.

217. That shoes make me sad because I want to play well.

218. Why don't you send e-mail?

219. Actually I and my family bought home theater.

220. This is my first time sending you e-mail.

221. I'm female.^^

222. I can get a long with many friend.

223. But it is hard for me to make friend from English Composition class.

224. I think they have a different class time.

225. And I have a few friend whose major is Chinese.

226. And I sent you e-mail before.

227. Maybe you thought it was spam mail.

228. I will send you e-mail next week!

229. I saw movie yesterday.

230. It was interesting movie.

231. The story of the movie was about one of woman who was raped and murdered by a man.

232. I like horror movie.^^

233. It was like action movie.

234. Oh! those were highschool seniors' life!! It's onerous-_ -;;

235. And my family live in Busan.

236. I'm warried about many assignment.

237. My friend is woman.

238. I don't like that people visiting my home.

239. When I was child, my grandmother didn't hug me.

240. Her arms and lap was always for two children of uncle.

241. One person became kindergarten teacher, and the other became a nurse.

242. I'm junior in English Dept. too. ^^

243. Except for snake, dog, frog....

244. But, now she sing songs that she really wants.

245. Also, I wish her happiness as fan.

246. I am nervous about school exams. I really would like to have good grade.

정답

1. I think I am a lazy girl^^;
2. Both you and your brother are Cheonan University students?
3. Fortunately, her hair style was pretty.
4. Although my English is unskillful, thank you for reading my e-mails.
5. Specially, I want to translate movies or books.
6. I think that you spend a good time.
7. I worked for a part time job recently.
8. It's so difficult to teach a child.
9. Sometimes, I think that it is good to exchange mails in English.
10. My baby was born in a faithful family.

11. I became a Chong Shin graduate student.
12. I can say that I have three answers.
13. To begin with, if I am an English composition teacher, I will have three purposes.
14. They may get more things afterwards,
15. My father is 49 years old in this year, and is an architect.
16. For these reasons, I will introduce myself today.
17. It is not my story, but I hope to be a great person.
18. Like a big fire.
19. So Go-hung is a perfect place for the view of blue water.
20. I like all games that I can.
21. We watched TV and ate slices of raw fish and had a drink.
22. We wanted to be good friends.
23. It's a clean city^^
24. I went to a movie with my friends again.
25. I am so so so so so very very very very sorry to send late mail to you.
26. The doctor poked a needle in my knee for four times.
27. I have a friend living in Gang-nan in Seoul,
28. Generally people say that nothing is the end of studying.
29. People generally say that a woman should be beautiful and slim.
30. There are no other ways for it.
31. Mother is a house keeper.
32. Older brother is a Chonan university student.
33. I dont' have money and time because I lost thirty pieces of bus tickets last week.
34. It was a very terrible accident.
35. But I haven't seen movies lately.
36. It's a big problem.
37. Jogging is a very good exercise.

38. I have many examinations next week.
39. She is a pretty girl.
40. It gets warm these days.
41. I am catching a cold.
42. I had much homework.
43. I should go to an English academy.
44. I did a part-time job today.
45. Do you like a rain day?
46. If there is a recollection which remains in memory among them, it may be a travel with friends during high school days.
47. I want to be an English teacher
48. My father works at a company, and mother is just a housekeeper.
49. Also, I hope to have a great time.
50. It was a great movie.
51. We were in the same class two times by chance.
52. My sister majors in Nursing Science.
53. It is very exciting to exchange E-mails with person whom I don't know.
54. Today is a white day.
55. I have a boyfriend whom I met two years ago.
56. I look for a candy.
57. I believe that we are going to became a good E-mail friend.
58. Frankly speaking, my boyfriend broke his promises, so I got angry.
59. We bought nine flowers.
60. Do you like flowers?
61. She becomes 22 years old.
62. We talked about many things.
63. Moreover I must write my diary because Patrick gives me homework.
64. We had a good time^^

65. Do you have persons who gives you candy?
66. And Kim Sun is a very thoughtful friend.
67. At last, I have a boyfriend who is 25 years old.
68. It was a good experience to me.
69. I will be a teacher of English.
70. I hope you prepare well for the test and get good results.
71. We are good friends.
72. I have many examinations this week
73. Does the weather sizzle these days?
74. It's a nice weekend, isn't it?
75. We are friends until our death.
76. Because my mail level is not as high as you, I worry about my mail exchanges.
77. I have nothing-a purse, a bag, and a book.
78. For these reasons, my lecture time is very hard.
79. But I feel that Yo-Su is a precious city because there is my happy recollection.
80. I believe it was a very romantic and happy moment.
81. My only pride is writng letters well...^^
82. My favorite musician is Radiohead, an English rock band....
83. But I was a little busy because there were much homework.
84. I was also embarrassed today when I faced a confusing quiz.
85. It's a pleasant midnight..!!
86. Today is an election day that we elect congressman.
87. So I thought very deeply about electing a good man.
88. Recently I was very busy for my homework.
89. And then we played many board games in a board game-room.
90. Her job is a house keeper and the president of Po-Chon chicken.
91. She has several licenses.

92. And he is more handsome than any other friends of mine.
93. He likes collecting stamps.
94. When I become tired, I am doing a mind control.
95. I am a Christian.
96. Are you a drinker?
97. Today is a tiring day for me.
98. Sometimes, it is fun to plan a journey.
99. So we went to a pork restaurant.
100. However there was a friend who come after a long time.
101. However, I want to be a stewardess.
102. My best friend is an elementary school friend.
103. Every day, I am sorry to send a late mail.
104. Too much homework is driving me crazy~
105. But, my mother prepares for an animal food.
106. We divided a six persons into one group.
107. One man was still cool, and a good painter.
108. There was a very handsome guy.
109. He had an abrupt manner.
110. Have a nice day!!
111. Have good dreams!
112. Let's plant trees in a mountain next year.
113. And I am a university student.
114. My brother is like a friend.
115. Steelworks is very a big company.
116. I think Po Hang is a very good city.
117. But it was a great time because after a long time I meet family and friends.
118. First, with my friend, I went to a playing room, and singing songs together.
119. Tomorrow I will have an exam.
120. Today I took an English exam.

121. The reason why she has to do lots of things is she is a mother.
122. She still works all of house chores.
123. Rumikyubeu is a board game.
124. He has a girl friend.
125. When we first met, we were high school students in the same class.
126. One person became a kindergarten teacher, and the other became a nurse.
127. My mother is a full time housewife and stays at home.
128. I have a friend that I can open my mind.
129. Did you wonder whether I have a boyfriend?
130. I have a boyfriend.
131. He is a company employee who is doing a computer work.
132. Hong Kong is an attractive city.
133. I went to Song Woo resort with English major students from April 1 through 3.
134. He took photographs of no less than 230 pieces.
135. We played many games and drank Sojus until 5 a.m.
136. For a while, it will be a hard time for me to send e-mails.
137. She goes to Kyongwon University and she is a junior.
138. We caused many accidents,
139. We are praying for friends.
140. And ...I will give you a nick name~~exciting...hoho
141. Maybe I'm a stoker hoho a funny guy.
142. Gangneung is a clean city.
143. Next time, I will write a long letter.^^
144. I met a lot of kind persons.
145. My father is a builder, and my mother is a hotelier.
146. And I'm an affirmative person.
147. Do you have a boy friend?^_^

148. If you have a boy friend, I wonder about your boy friend.
149. As you know, last weekend was a fine day, so every flowers come into full.
150. It was a beautiful scenery.^_^
151. After flower-viewing, we rode bicycles and took pictures.
152. I spent a happy weekend.
153. Anyway yesterday was an unlucky day.
154. On the other hand, I felt uneasy about those stories.
155. Today, I worked a part time job at the wedding hall.
156. The marvel is that we sang songs for three hours.
157. I'd like to go to the park with a friend or a girl friend.
158. I was not a Christian, but cried very much.
159. I'm very busy because of preparing for examinations these days.
160. I went to a movie.
161. I am not a Christian
162. So I hope to eat pasta in a romantic restaurant.
163. I wish you had a good night.
164. When the World Cup opened in Korea and Japan, I sent an e-mail to him.
165. Have sweet dreams~~~~*
166. It's a long time.
167. I always remember that I have to send e-mails to you.
168. I took many photographs near a guesthouse.
169. According to what you say, I hope to be a good friend too.
170. I took many photos.
171. I really have spent a great time with my friends.
172. I'm a student of Cheonan University.
173. My vision is to become an English professor.
174. I have only three day classes a week like last year.
175. He was born in a countryside.

176. On the other hand, he is a very kind and warm person at something.
177. Money is not everything in our lives.
178. He was an example of my life.
179. I like water and the shining sun.
180. Winter is a good season, too.
181. Today is a very hard time for me.
182. Did you catch a cold?
183. My favorite memory might be killing piggies -_-;;
184. So, we only took an exam.
185. My friends are soldiers.
186. Do you have many exams next week?
187. Wednesday, I have two exams.
188. Tuesday and Friday, I always have a Quizzes.
189. Did you have many exams?
190. We had a very nice time, and met many people that we had heard from television, newspapers, and radio.
191. My father heard messages, and he deceived other people here and there.
192. In addition, she doesn't know how many friends I have!
193. I have a father, a mother, and an old brother.
194. It will be great if you can tell me the homework that we have today.
195. The weather is so fine these days.
196. So I can't send a pictures to you now.
197. If so, you should not send a pictures. ^^
198. First, he is a very kind and warm hearted person.
199. He is a very warm hearted person.
200. Do you like flowers?
201. I have had a terrible cough for one week.
202. I think we will be good friends.

203. Today is a nasty day.
204. I hate a rainy day.
205. I like a shiny day.
206. And I moved to Song-tan when I was a child.
207. It was a very fantastic time.
208. A birthday is always a happy days.
209. I think I keep a good company.
210. And I am a bad daughter who does not take mother's advice seriously.
211. I wished to become a daughter who is better than her mother.
212. I'm a fourth-year student.
213. It seems to be the best if I am a student.
214. But, unfortunately, I don't have a homepage.
215. I seem to have all homepages one by one these days.
216. I am going to write to you again several days later.
217. Those shoes make me sad because I want to play well.
218. Why don't you send e-mails?
219. Actually I and my family bought a home theater.
220. This is my first time sending you an e-mail.
221. I'm a female.^^
222. I can get a long with many friends.
223. But it is hard for me to make friends from English Composition class.
224. I think they have different class times.
225. And I have a few friends whose major is Chinese.
226. And I sent you an e-mail before.
227. Maybe you thought it was a spam mail.
228. I will send you an e-mails next week!
229. I saw a movie yesterday.
230. It was an interesting movie.
231. The story of the movie was about one of women who was

raped and murdered by a man.
232. I like horror movies.^^
233. It was like an action movie.
234. Oh! those were high school seniors' lives!! It's onerous-_-;;
235. And my family lives in Busan.
236. I'm worried about many assignments.
237. My friend is a woman.
238. I don't like those people visiting my home.
239. When I was a child, my grandmother didn't hug me.
240. Her arms and lap were always for two children of uncle.
241. One person became a kindergarten teacher, and the other became a nurse.
242. I'm a junior in English Dept. too. ^^
243. Except for snakes, dogs, frogs....
244. But, now she is singing songs that she really wants.
245. Also, I wish her happiness as a fan.
246. I am nervous about school exams. I really would like to have good grades.

3) 시제 일치

아래의 문장의 어색한 부분을 바로 잡으시오.

1. Sometimes my mother tells me that my brother and I are in one body with our parents because we have been born from their body.

2. Nowadays.. I felt an importance of friend. ^^*

3. On the way to the house, I see many beautiful flowers.

4. When I see my parents, they are doing their best in their life.

5. Therefore around my father, there are many people that he was known.

6. I am much painful during several days.

7. When we first met, we are highschool student.

1. Sometimes my mother tells me that my brother and I are in one body with our parents because we were born from her body.
2. Nowadays.. I feel the importance of a friend. ^^*
3. On the way to the house, I saw many beautiful flowers.
4. When I saw my parents, they were doing their best in their life.
5. Therefore, around my father, there are many people whom he has known.
6. I have been much painful during couple of days.
7. When we first met, we were highschool students.

8. 영작 SOS 3. 정동사 찾기

프리, 조별 작문, 영작 메일을 통해 가장 빈도수 높게 발생하는 오류는 정동사입니다. 정동사가 정리가 되지 않으면 아무것도 할 수가 없지요.

영어의 불변의 원칙중의 하나가 한 문장 안에 반드시 하나의 주어와 동사가 나와야 문장이 될 수 있다는 것이다. 그런데, 동사가 없거나 있어도 잘못된 동사를 사용하는 경우가 많은데, 유형별로 분류해 보면, 1. 잘못된 동사의 사용, 2. 원형동사, 3. 자타동사의 혼동, 4. 정동사가 없는 경우, 5. 정동사가 여러 개 나오는 경우, 그리고 마지막으로 규칙과 불규칙 동사를 잘못 사용한 경우이다. 여기에 대해 공부해 보도록 하자.

1) 잘못된 동사의 사용

1. So far, I tall you about my friend.
   어색한 부분을 바로 잡으면?
   ☞내 친구에 대해 이야기하겠다고 하는 것이니 tell의 과거 told가 와야한다. 바꾸면?
   So far, I have told you about my friend.

2. I was much homework.
   어색한 부분을 바로 잡으면?
   ☞내가 숙제일리는 없지요. 숙제가 많다는 의미? have 동사 사용합니다. 정리하면,
   I was much homework.

3. Did you say me that you like a movie?
어색한 부분을 바로 잡으면?
☞say 다음에는 바로 사람 목적어가 나올 수 가 없습니다. 정리하면,
Did you say that you like a movie?
또는, Did you say to me that you like a movie?

4. In conclusion, this meeting of special feature is don't too much alcoholic drank.
어색한 부분을 바로 잡으면?
☞조동사 don't 다음에 정동사가 나와야 합니다. 그리고 의미도 어색하군요. 우리말로 정리하면, 결론적으로 말해서 이모임은 술을 마시기 위한 모임은 아니라는 말이지요. 그렇다면,
In conclusion, this special meeting is not for the sake of drinking.

5. Hey~Why do you can't study eagerly?
어색한 부분을 바로 잡으면?
☞do나 can 모두 조동사이지요. 조동사도 정동사와 마찬가지로 한 문장 안에 이렇게 여러 번 나오는 것은 준 유통법 위반입니다. 정리하면
Hey~Why don't you study hard.

6. I favorite MC SNIPER.
어색한 부분을 바로 잡으면?
☞favorite은 주로 형용사로 사용합니다. 동사가 없는 상황인데, 정리하면,
I like MC SNIPER.

7. And she is a cheerful disposition.
   어색한 부분을 바로 잡으면,
   ☞그녀자가 성격? 그 여자의 성격이지요. 정리합니다.
   And she has a cheerful disposition.

2) 원형동사를 사용하지 않은 경우

문장에서 조동사가 오면 그 다음에는 반드시 정동사가 오고 그것도 원형 동사가 와야 합니다.

You didn't wrote where to live.

주어진 문장에서 과거를 나타내는 조동사 didn't 다음에 원형 동사가 와야 하기 때문에 과거동사 wrote가 아닌 write가 와야 하지요. 정리합니다. You didn't write where to live.

아래의 문장에서 어색한 부분을 바로 잡으면?

1. Oh, I am sorry I didn't received your letter.

2. Do you liked to listen to music?

3. But we'll never forgot the remembrance that we shared.

4. So she can speaks English fluently.

5. I was happy to saw my old friend,

6. Then he will became a very honest politician some time or other.

7. Although he does not studies well, he has lots of talents.

8. My uncle was the only university student among the family, and the other family must sacrificed for him.

9. She could scarcely recognizes nobody.

10. She took a serious turn, so someone must looked after her.

11. Ah! did you heard from the news?

12. Christina will getting married at once.

13. Jesus will always is with you.

정답

1. Oh, I am sorry I didn't receive your letter.
2. Do you like to listen to music?
3. But we'll never forget the remembrance that we shared.
4. So she can speak English fluently.
5. I was happy to see my old friend,
6. Then he will become a very honest politician some time or other.
7. Although he does not study well, he has lots of talents.
8. My uncle was the only university student among the family,

and the other family must sacrifice for him.
9. She could scarcely recognize nobody.
10. She took a serious turn, so someone must look after her.
11. Ah! did you hear from the news?
12. Christina will get married at once.
13. Jesus will always be with you.

3) 자타동사를 혼동해서 사용하는 경우

He went to Pusan.에서 왜 to를 사용해야만 하는지에 대한 사연을 아시나요? 왜 He went Pusan.은 안 되나요? 안됩니다. 이렇게 글 쓰다가 손 잘린 사람들 많아요. 절대 안됩니다. 왜냐구요? went가 자동사이기 때문에 목적어인 명사나 대명사를 불러오질 못합니다. 그래서 전치사가 전치사주의 부상을 무릅쓰고 몸을 바쳐 그 뒤에 명사를 불러온 것이지요. 영어 집안의 내력도 알고 보면 매우 복잡하답니다. 으하하! 영어 집안의 내력을 보면 이런 일은 얼마든지 있지요. I looked at her. I saw her. 둘 다 본다는 말인데, looked 뒤에는 at 이 반드시 와야합니다. saw는 전치사가 오지 않고요. 왜냐구요? looked 가 자동사이기 때문이지요. 자타동사 구분은 우리로선 쉽지 않습니다. 원어민은 감각으로, 비 원어민은 피토하는 노력으로 달려야만 그 감각의 절반을 얻지요. 원어민에게 혀와 감각이 있다면, 우리에겐 지칠줄 모르는 투지와 머리가 있지요. 간단히 말해서 외워야합니다.

There are a lot of opportunities to contact to others in a society.

위의 문장이 왜 어색한지 아시나요? contact 때문입니다. 그리고 기억하시나요? 교회 이야기? 교회에 갔더니(attend), 나의 이상형과 너무도 닮은 사람이 있어(resemble), 다가간 것이지요(approach). 많은 이야기를 주고 받았다우(mention, discuss), 느낌이 서로 좋아 연락처를 주고받고(contact), 날이면 날마다 만나다가 한집에서 매일 만나게 되었다우(marry). 이런 동사들은 우리말에는 전치사를 달고나오나 영어에서는 타동사로 절대로 전치사가 나오지 않습니다. 따라서 contact to가 아니라 contact입니다. 정리하면, There are a lot of opportunities to contact others in a society.

T.I.P 아래의 문제를 풀어 보세요.
절대로 절대로 답부터 보면 안됩니다. 눈이 멀어요!!!

1. Did you decide to apply our university because of your brother by any chance?

2. 'Do you believe prediction?'

3. I seldom believe prediction or fate.

4. However, I don't believe fortune.

5. Preferentially, I deeply appreciate your care.

6. Though we worked planning department together, we even did not have a time to chat.

7. when the King climbed mountain before.

8. Still I was suffocated when I thought him.

9. Mostly during the summer vacation I went to there.

10. My old brother likes to Gun game.

11. During the evening, her friends visited to her, and she looked very joyful.

12. I waited your e-mail.

13. After I went to there, I was happy to see friends.

14. Younger brother entered to primary school.

15. I am catching a cold and suffer indigestion.

16. My parents went to there.

17. I went a restaurant to eat dinner.

18. I often go to there.

19. I particularly learned her strong point.

20. But I had to wait over an hour.

21. It was a very good opportunity to approach with other person.

22. I love to them.

23. Because my English writing ability is not as high as you, I worry mail exchanges.

24. I hope to you solve your problems well!!

25. I guess you prepare your exam hard now~

26. I felt bad because I did not prepare an umbrella.

27. I'll wait your e-mail.

28. However we meet Messenger several times a week, too.

29. This moment I think fortune.

30. And I thought my mother.

31. I like about Jo Sung Mo, so I'm collecting all of his albums.

32. Must help for him.

33. I want to know you through letters.

34. Let's praying R.O.K.

35. Sometimes they fight each other, but they love each other.

36. Then, we went Pizza Hut.

37. Did you want to know my dream?

38. Today, I went Myoung-Dong with a childhood friend.

39. We went Fourpillar's cafe.

40. After drinking, we went a Karaoke.

41. After that, we visited to Muui Island through Yungjong Island by a passenger boat.

42. First. I should like to go Rome.

43. Second, I would like to go in Netherlands.

44. My friend heard to my agony whenever I was in trouble.

45. In fact, I wonder yourself.

46. Today, I had to go on a library, but I got up late.

47. I have eagerly waited the reunion day as I imagined the immatured and funny. faces of my classmates.

48. I wait for your letter, but I can't wait your letter any more.

49. He can concentrate his work and hobby.

50. Anyway I am a senior, but I can not speak to English very well.

51. I would like to know you very well.

52. You tell me that your profile.

53. We met on last Wednesday.

54. I think that I must always help to my mother.

55. Did you attend to MT?

56. I didn't attend to MT.

57. I envy for you.

58. You talked me.

59. She asked to me that she could see it.

60. When we were young, we often fight each other.

1. Did you decide to apply for our university because of your brother by any chance?
2. ‘Do you believe in prediction?’
3. I seldom believe in prediction or fate.
4. However, I don’t believe in fortune.
5. Preferentially, I deeply appreciate for your care,
6. Though we worked for planning department together, we even did not have a time to chat.
7. when the King climbed up the mountain before.
8. Still I was suffocated when I thought about him.
9. Mostly during the summer vacation I went there.
10. My old brother likes Gun game.
11. During the evening, her friends visited her, and she looked very joyful.
12. I waited for your e-mail.
13. After I went there, I was happy to see friends.
14. Younger brother entered a primary school.
15. I am catching a cold and suffer from indigestion.
16. My parents went there.
17. I went to a restaurant to eat dinner.
18. I often go there.
19. I particularly learned about her strong point
20. But I had to wait for over an hour.
21. It was a very good opportunity to approach other person.
22. I love them.
23. Because my English writing ability is not as high as you, I worry about mail exchanges.
24. I hope you to solve your problems well!!

25. I guess you prepare for your exam hard now~
26. I felt bad because I did not prepare for an umbrella.
27. I'll wait for your e-mail.
28. However we meet from Messenger several times a week, too.
29. This moment I think about fortune
30. And I thought about my mother.
31. I like Jo Sung Mo, so I'm collecting all of his albums.
32. Must help him.
33. I want to know about you through letters.
34. Let's praying for R.O.K.
35. Sometimes they fight with each other, but they love with each other.
36. Then, we went to Pizza Hut.
37. Did you want to know about my dream?
38. Today, I went to Myoung-Dong with a childhood friend.
39. We went to Fourpillar's cafe.
40. After drinking, we went to a Karaoke.
41. After that, we visited Muui Island through Yungjong Island by a passenger boat.
42. First. I should like to go to Rome.
43. Second, I would like to go to Netherlands.
44. My friend heard through the grapevine about my agony whenever I was in trouble.
45. In fact, I wonder about yourself.
46. Today, I had to go to a library, but I got up late.
47. I have eagerly waited for the reunion day as I imagined the immatured and funny faces of my classmates.
48. I wait for your letter, but I can't wait for your letter any more.
49. He can concentrate on his work and hobby.
50. Anyway I am a senior, but I can not speak English very well.
51. I would like to know about you very well.

52. You tell me about your profile.
53. We met last Wednesday.
54. I think that I must always help my mother.
55. Did you attend MT?
56. I didn‘t attend MT.
57. I envy you.
58. You talked to me.
59. She asked that she could see it.
60. When we were young, we often fight with each other.

4) 정동사가 없는 경우

한 문장 안에 반드시 하나의 정동사가 있어야 함에도 불구하고, 정동사가 없는 경우의 오류를 말합니다. 예를 들면, I wish your examination finishing very well. wish that 주어+동사에서 your examination 이라는 주어는 있으나 finishing이 정동사는 될 수가 없습니다. 정리하면, I wish your examination finishing very well. 이것 또한 어색합니다. 시험을 끝마치는 주체가 사람이지 시험은 아니지요. 다시 정리하면, I wish you finish your exam with a great success.

아래 문장의 어색한 부분을 바로 잡으시오.

1. I expecting a response to this letter.

2. And now I studying Special Education.

3. I waiting for your response.

4. It's a mid-exam period, so you will very busy.

5. I really glad to see your mail.

6. I, however, upseted to hear bad news about my friends.

7. Spring just around the corner.

8. Fall weather cool and mild.

9. If you given a chance, go to 'Norita'.

10. I will hard.

11. Tomorrow, I should part-time job, too.

12. I envy you in that you able to get angry about it.

13. We didn't playing amusement facilities because I feel scared whenever rode them.

14. I glad when I received your cell phone message.

15. We didn't talking about it together.

16. I always sorry with you.

17. I and my sister moved to grandfather's house in Seoul when I was the 4th grade elementary school student.

18. I proud of her.

19. And I 4th grade. ^^

20. I feeling joyful.

21. ...and the rest two persons (including me) still students.

22. I really praying for Nan-Young.

23. You a wonderful citizen.

24. It's up to you~

25. The title of the movie The Passion of the Christ.

26. The image of a windmill coming and fading in front of my eyes.

27. My name is Yi Hyun Jin, and I the 3rd grade.

28. I would not happy.

29. One of the best presents that we got from heaven.

30. For example, we listening to the similar genre of music.

31. I happy because there is no homework or tests.

32. Now, I writing a report.

33. When I angry or sad, my sister always gives me happiness.

34. So, I couldn't Quizz 2.

35. For example, they broke my present when I into the restroom.

36. She always scared when her old sister goes out for work.

37. At that timed, he doesn't ill and unpleasant about giving it to anyone.

38. Now he gone to army two weeks ago.

39. I usually thinking about him.

40. I writing English letter for the first time.

41. I waiting the spring because I like it.

42. I really really amazed.

43. Can you this?

44. I want to describe my mother who one of them.

45. I think you tired.

46. We thinking what we can do.

47. He never smoking and drinking very much.

48. I will waiting your reply.

49. He knew that he entered the wrong way, and we wandering and wandering the same way!

50. I hope you didn't lazy like me.

51. My phone number 011-9985-0584.

52. We intimate terms with each other.

53. She is an even tempered person and a straight forward character.

54. And I still doing my homework.

정답

1. I expect to receive your mail sooner or later.
2. And now I am studying Special Education.
3. I am waiting for your response.
4. It's a mid-exam period, so you will be very busy.
5. I am really glad to see your mail.

6. I, however, was upset to hear bad news about my friends.
7. Spring is just around the corner.
8. Fall weather is cool and mild.
9. If you have a chance, go to 'Norita'.
10. I will study hard.
11. ┌Tomorrow, I should have part-time job, too.
    └Tomorrow, I should work for a part-time job, too.
12. I envy you that you are able to get angry about it.
13. We didn't play amusement facilities because I feel scared whenever rode them.
14. I was glad when I received your cell phone message.
15. We didn't talk about it together.
16. I am always sorry for you.
17. ┌I and my sister are moved to grandfather's house in Seoul when I was the 4th grade elementary school student.
    └They are live near my house.
18. I am proud of her.
19. And I am the 4th grade. ^^
20. I am feeling joyful.
21. ...and the rest two persons(including me) are still students.
22. I am really praying for Nan-Young.
23. You are a wonderful citizen.
24. It's up to you.
25. The title of the movie was The Passion of the Christ.
26. The image of a windmill is coming and fading in front of my eyes.
27. My name is Yi Hyun Jin, and I am the 3rd grade.
28. I would not be happy.
29. One of the best presents that we got from heaven is a family.
30. For example, we are listening to the similar genre of music.

31. I am happy because there is no homework or tests.
32. Now, I am writing a report.
33. When I am angry or sad, my sister always gives me happiness.
34. So, I couldn't undergo Quizz 2.
35. For example, they broke my present when I ran into the restroom.
36. She is always scared when her old sister goes out for work.
37. At that time, he was ill and unpleasant about giving it to anyone.
38. Now he went to army two weeks ago.
39. I am usually thinking about him.
40. I am writing English letter for the first time.
41. I am waiting for the spring because I like it.
42. I was really, really amazed.
43. Can you do this?
44. I want to describe my mother who is one of them.
45. I think you are tired.
46. We are thinking what we can do.
47. He never smokes and drinks very much.
48. I will wait for your reply.
49. He knew that he entered the wrong way, and we were wandering and wandering the same way!
50. I hope you aren't lazy like me.
51. My phone number is 011-9985-0584.
52. We are having intimate terms with each other.
53. She is an even tempered person and has a straight forward character.
54. And I am still doing my homework.

5) 정동사가 여러 개 나오는 경우

한 문장 안에 정동사가 하나가 반드시 나와야하는 것은 절대 불변의 법칙이나, 콤마나 접속사의 연결없이 한 문장 내에 여러 개의 정동사가 나오는 오류를 말합니다. 예를 들면, My hobby is listen to the music.

is와 listen은 분명 정동사이고 두 개가 나와 어색합니다. 정리하면, My hobby is to listen to the music.

아래에 나오는 문장의 어색한 부분을 바로 잡으시오.

1. Now he is look up to by all.

2. My hobby is study.. Ha ha..

3. My mother was very enjoy to Car racing game.

4. I hope this mail is go well to you.

5. I'm do not exercise because I go to an academy everyday.

6. I'm crammed with the examination.

7. I want you write a guest book.

8. Aren't you agree with me?

9. My father likes invite friends very much.

10. But I will study is very hard.

11. My hobbies are listen to music and watch movies.

12. I will study English is very hard.

13. I am not understand it.

14. I think that he have seems to friendly.

15. It takes for 2 hours to go to school,

16. Are you major in English?

17. And I'm major in English.

18. You are also think the same with me.

19. Mid-term will be come soon.

20. She is university, major in Nursing Science.

21. My sister was major in Piano.

22. Now she's major in a Korean Language.

23. My sister Yon-ju who majors in a Korean Language is always talking to me like a teacher.

24. But among my friends, one person is drinks too much.

25. Of course, my team was win.

26. Are you go to MT?

27. I want listen your MT story.

28. She is love my family very much.

29. But I have nothing to do help her.

30. I like watch the soccer game.

31. That will be kill me!

32. But I was always meet this people,

33. I'm lead a busy life.

34. Are you plant trees?

35. I'm not plant tree.

36. I am go out 'Yonam college' with church's friends.

37. You are examination study hard.

38. And I'm thank you.

39. I am studied English because I have a test tomorrow.

40. I'm studied late yesterday.

41. What are you like?

42. Was it answer on your question?^^*

43. I am worry that I can pass the graduation examination.

44. I'm go to school from Tuesday to Thursday.

45. I'm already expect.

46. I was know you dislike me.

47. I want talk to you about an episode.

48. May be I will know more about you, if we are drink.

49. Are you take very good pictures?

50. I'm not take good pictures^^ ,

51. Are you enjoy playing the piano?

52. This is the first time send a letter to you.

53. I'm live with my parents in Bu Chon.

54. We couldn't meet another day because of his working.

55. Therefore we are look forward to coming Sunday.

56. I'm look forward to your letter.

57. I like flowers especially begin to bloom in the spring.

58. Are you become better?

59. My duty of yesterday was translate their body text of chapter.

60. So, I am very happy because I became met to the good friends today.

61. We already start send mail.

62. I am enjoy with my family.

63. I wish I have only two days' classes a week but it seems be impossible.

64. In this afternoon the temperature is raise up to 32.

65. So I wish that you're enjoy your time at the church.

66. I like snow, go boarding and Christmas day.

67. If we were meet next week, I hope say hello with each other.^^

68. Next Monday, I have only one exam is left.

69. Do you like play by ball?

70. But he was became a quiet another man, with his changed attitude.

71. When I was in the second year of high school. I was always visit Mi Jung's home.

72. I'm major in English.

73. Is it say rude things?

74. Thank you for read my letter.

75. I want to you like MC SNIPER.

76. I'll be go to picnic this weekend.

77. I feel wonder about it.

78. I keep watch over my own conduct.

79. Anyway, If we feel sad or bad, I want us to be rely on each other.

80. One is live in my apartment.

81. The others are live in near my apartment.

82. I'm really thank to them.

83. I prefer eat going out to eating in school.

84. She likes to climb up to the mountains.

85. They really likes climb up the mountains.

86. She isn't avoid showing something to others.

87. Anyway I was happy accept your offer.

88. I thought he was forget how to reach there.

89. Even if we spend takes more time, we try to find another way.

90. I was really feel chilly and scared.

91. I really like go shopping and go to the movie.

92. Next she was die, and after that she came out of the room.

93. I'm write an E-mail now.

94. I was catch a cold because of the stress obtained from assignments.

95. He is major in Administration.

96. Attend school on a bus is very tiring.

97. I like eat something.

98. I only like eat.

99. I want recommend it to you

100. I've decided lose my weight because I've gained my weight.

101. They are live in near my house.

정답

1. Now he looked up to by all.
2. My hobby is to study.. Ha ha..
3. My mother enjoyed Car racing game very much.
4. I hope you receive this mail with no difficulties.
5. I do not exercise because I go to an academy everyday.
6. I crammed with the examination.

7. I want you to write a guest book.
8. Don't you agree with me?
9. My father likes inviting friends very much.
10. But I will study very hard.
11. My hobbies are listening to the music and watching movies.
12. I will study English very hard.
13. I do not understand it.
14. I think that he seems to be friendly.
15. It takes for 2 hours to go to school,
16. Do you major in English?
17. And I major in English.
18. You are also thinking the same with me.
19. Mid-term will be coming soon.
20. She majors in Nursing Science.
21. My sister majored in Piano.
22. Now she majors in a Korean Language.
23. My sister Yon-ju who majors in a Korean Language is always talking to me like a teacher.
24. But among my friends, one person is drinking too much.
25. Of course my team won.
26. Are you going to MT?
27. I want to listen to your MT story.
28. She loves my family very much.
29. But I have nothing to do to help her.
30. I like to watch the soccer game.
31. That will be killing me!
32. But I always meet this people,
33. I lead a busy life.
34. Do you plant trees?
35. I do not plant tree.
36. I am going out to 'Yonam college' with church's friends.

37. Study hard.
38. And I thank you.
39. I am studying English because I have a test tomorrow.
40. I studied late yesterday.
41. What do you like?
42. Does that answer your question?^^*
43. I am worried that I can pass the graduation examination.
44. I'm going to school from Tuesday to Thursday.
45. I already expect.
46. I know you dislike me.
47. I want to talk to you about an episode.
48. May be I will know more about you, if we drink.
49. Are you taking very good pictures?
50. I'm not taking good pictures^^ ,
51. Do you enjoy playing the piano?
52. This is the first time sending a letter to you.
53. I live with my parents in Bu Chon.
54. We couldn't meet another day because of his working.
55. Therefore we look forward to coming Sunday.
56. I'm looking forward to your letter.
57. I like flowers especially beginning to bloom in the spring.
58. Are you becoming better?
59. My duty of yesterday was to translate their body text of chapter.
60. So, I am very happy because I met good friends today.
61. We already start to send mail.
62. I enjoy my family.
63. I wish I have only two days' classes a week but it seems to be impossible.
64. In this afternoon the temperature rose up to 32.
65. So I wish that you enjoy your time at the church.
66. I like snow and Christmas day and go boarding.

67. If we meet next week, I hope to say hello with each other.^^
68. Next Monday, I have only one exam left.
69. Do you like to play by ball?
70. But he became quiet another man with his changed attitude.
71. When I was in the second year of the high school. I always visited Mi Jung's home.
72. I major in English.
73. Is it saying rude things?
74. Thank you for your reading my letter.
75. I want you to like MC SNIPER.
76. I'll be going on a picnic this weekend.
77. I wonder about it.
78. I keep watching over my own conduct.
79. Anyway, If we feel sad or bad, I want us to rely on each other.
80. One lives in my apartment.
81. The others live in near my apartment.
82. I really thank to them.
83. I prefer eating going out to eating in school.
84. She likes to climb up to the mountains.
85. They really like to climb up the mountains.
86. She does not avoid showing something to others.
87. Anyway I was happy to accept your offer.
88. I thought he forgot how to reach there.
89. Even if it takes more time, we try to find another way.
90. I really feel chilly and scared.
91. I really like to go shopping and to the movie.
92. Next she was dead, and after that she came out of the room.
93. I'm writing an E-mail now.
94. I caught a cold because of the stress obtained from assignments.
95. He majors in Administration.

96. Attending school on a bus is very tiring.
97. I like to eat something.
98. I only like to eat.
99. I want to recommend it to you
100. I've decided to lose my weight because I've gained my weight.
101. They live near my house.

6) 규칙과 불규칙 동사를 잘못 사용한 경우

불규칙 동사가 정리가 되지 않아 생기는 오류를 말한다. 불규칙 동사가 정리가 되지 못하면, 규칙 동사도 잘 모르게 되고 결국 도미노 현상이 생기게 되는 것이다. 불규칙 동사는 특히 시제와도 관련이 되고 작문에서 잘못된 동사의 모양을 만들기도 하는 것이다. 결국 한마디로 말해서 계속 틀리는 작문만 하게 되는 셈이다. 따라서 주요 불규칙 동사는 반드시 정리를 하고 넘어가야하며, 카페에 게시한 불규칙 동사의 경우에는 이번 기회에 꼭 정리를 해서, 작문뿐만 아니라, 취업대비 각종 영어 시험을 준비해 주기 바란다. 이처럼 영작이란 영어에서도 가장 높은 단계의 능력을 요구하는 과목으로 영어과 학생들은 영문법이나 실용 영문법을 수강한 후 영작문을 수강해주기 바란다. 자신의 영어 실력이 없음을 인정하고 겸손하게 차근차근 단계별로 공부를 하려는 겸허함 보다는 선생이나 책을 탓하는 사람이 아직도 있다면, 자신의 공부 태도에 대해 심각하게 생각해 보기 바란다. 언제까지 떠먹여주는 공부를 하려고 하는지? 공부는 스스로 하는 것이고, 선생님은 길을 안내하는 사람이라는 것과, 자기에 대한 반성과 겸허함이 없는 사람은 아무것도 하지 못한다는 사실을 명심해 주기 바란다. 아래의 문장을 살펴보면, Anyway, when we leaved beauty salon, it was 6 o'clock. 무엇이 문제인가? 글쓴이는 leave 동사를 규칙 동사로 착각하고 과거를 표현할 때 leaved를 사용하고 있다. 정리하면? Anyway, when we left a beauty salon, it was 6 o'clock. 관련된 아래의 문제를 풀어보자.

아래의 문제를 풀어 보시오.

1. I standed and standed.

2. She teared her skin

3. Last week, mistaking to walk, I was hurted a knee.

4. After I had been hurted a knee, I was going to the hospital.

5. Finally. we begun to drink in earnest.

6. We drunk beer with the chicken

7. We continually drunk all night until we went to bed fatigued one by one.

8. I drink with friends and played, there were really many people.

9. So I stay in home all day.

10. But he was very cute when he blowed

11. She was born and grew up in Seoul, 1982.

12. Sometimes we fight other people in high schools day

13. After all party is begin.

14. Suddenly she scaf hited my face,

15. After long time she hitted with her bag.

1. I stood and stood.
2. She tore her skin
3. Last week, mistaking to walk, I was hurt a knee.
4. After I had been hurt a knee, I was going to the hospital.
5. Finally. we began to drink in earnest.
6. We drank beer with the chicken
7. We continually drank all night until we went to bed fatigued one by one.
8. I drank with friends and played, and there were really many people.
9. So I stayed at home all day.
10. But he was very cute when he blew.
11. She was born and grown up in Seoul, 1982.
12. Sometimes we fought with other people in high schools days.
13. After all party is begun.
14. Suddenly her scarf hit my face,
15. After long time she hit with her bag.

먼저 연습한 8가지 항목 이외에도 학생들에게 빈번하게 발생하는 기타 오류에 대해 정리해 보도록 하자.

기타 영작

Capsule 1. 관사와 명사

영어에서 수 개념을 표시하는 방법으로 단수인 경우 셀 수 있는 명사 앞에 a 또는 an을사용하고, 복수일 경우 명사 뒤에 s나 es를 첨가한다. 예를 들면,

a student (단수)

students (복수)

관사는 정관사와 부정관사로 나누어지는데, 정관사는 세상의 모든 명사가 아닌 특정한 명사를 지칭하는 경우에 사용하는데, 문장 내에서 한정, 제한, 수식을 받는다.

The book written by him is well written.

반면에 부정관사는 특정한 명사가 아닌 일반적인 명사의 의미를 가진다.

A well written book gives precious experiences to us.

1.1. 정관사

1. That loses burden of study. But, keep a tension.
   어색한 부분을 바로 잡으면?

☞공부에 대한 부담감은 줄일 수 있으나 긴장하라는 의미.
That loses the burden of study. But, keep a tension.
A of B 구문에서 B의 한정, 제한, 수식을 받는 A는 제한된 명사라는 의미에서 정관사 the를 A 앞에 써야한다.

2. I feel improvement of English. But it doesn't know before take the test.
어색한 부분을 바로 잡으면?
☞I feel the improvement of English. But it doesn't know before take the test.
A of B 구문이지요? improvement가 A, English가 B. 따라서 the improvement.

3. The film title was "Glory of a family".
어색한 부분을 바로 잡으면?
☞The film title was "The Glory of our family".

4. Today weather is very nice!
어색한 부분을 바로 잡으면?
☞Today, the weather is very nice!
일반적인 날씨를 의미하는 것이 아니라, 오늘이라고 하는 특정한 날씨를 말하기 때문에 weather 전에 the를 써야한다.

5. I had worked at a part-time job at a down block office during summer vacation.
어색한 부분을 바로 잡으면?
☞I worked for a part-time job at a down block office during the summer vacation.

여름은 여름인데, 특정한 여름 방학 동안이라는 의미에서 the summer vacation이 되어야 한다.

1.2. 무관사

관사를 사용하지 않는 경우인데, 관사를 사용하는 경우를 살펴보도록 하자.

1. It is at a O-Ri station, Bun-Dang
   어색한 부분을 바로 잡으면?
   ☞It is at O-Ri station, Bun-Dang.
   고유명사 O-Ri 앞에 관사를 사용하지 않는다.

2. Do you have a lunch?
   어색한 부분을 바로 잡으면?
   ☞Did you have lunch?
   Do you have lunch?라고 말한다면, 항상 점심을 먹느냐고 물어 보는 의미이다.

3. You went to the Church...Do you a christian?
   어색한 부분을 바로 잡으면?
   ☞You went to church...Are you a christian?
   교회에 예배를 보러 간 것일 터이니 관사가 오지 않습니다.

4. But you study hard in the school
   (학교에서 공부를 하는 경우라면)
   어색한 부분을 바로 잡으면?
   ☞But you study hard in school.
   관사를 사용하지 않아도 되는 경우 이해가 되시나요? 그럼, 다음 topic으로 넘어 가도록 할까요?

5. There are the many trees such as the small village there.
어색한 부분을 바로 잡으면?
☞There are many trees in a small village.
수사와 관사는 같이 사용할 수 없다.

1.3. 부정관사

부정관사는 말 그대로 정해지지 않은 관사, 즉, 명사의 보편적인 성질을 말합니다.

a boy (일반적인 의미에서의 소년),
the boy who was standing right next to me
(내 옆에 서 있던 바로 그 소년)

1. I was nice. On last Saturday, I went to theater with my boyfriend.
어색한 부분을 바로 잡으면?
☞It was nice. On last Saturday, I went to a theater with my boyfriend.
반드시 a 라고는 말하기 힘드나 보통 극장을 지칭한다는 의미로 보는 것이 옳을 듯 합니다.

2. I'll recommend "Lover's Concerto" to you. It's romance movie and is touching. Also, "a honor of family" is very fun.
어색한 부분을 바로 잡으면?

☞I'll recommend "Lover's Concerto" to you. It's a romance movie and is touching. Also, "an honor of our family" is very fun.

물론 명사가 셀 수 있고, 단수인 경우 a 또는 an을 사용합니다. 일반적으로 모음으로 시작 하는 단어(실제 발음) 앞에 an(a, e, i, o, u)을 사용하고 그 외의 자음으로 시작하는 단어 앞에 a를 사용합니다.

3. Just a joke~~~!!After a while, I go to a English Academy. Now, I only go there today and next Monday in this month. When I go to a academy, I like eating between meals. So, I get fat. I'm worried about it. I need to take a exercise.
어색한 부분을 바로 잡으면?
☞Just a joke~~~!!After a while, I go to an English Academy. Now, I only go there today and next Monday during this month. When I go to an academy, I like eating between meals. So, I get fat. I'm worried about it. I need to take an exercise.
English, academy, exercise 모두 모음으로 시작하는 말이기 때문에 부정관사 an.

4. Today is nice weekend. Nowadays, it is chilly like winter.
어색한 부분을 바로 잡으면?
☞Today is a nice weekend. Nowadays, it is chilly like winter.
nice가 자음으로 시작하고, weekend는 가산 명사이므로 부정관사 a.

5. In fact, I want know well. Next week, I will also have a exam. I always did hasty preparation. You too?
어색한 부분을 바로 잡으면?
☞In fact, I want to know about it well. Next week, I will also have an exam. I always did hasty preparation. You too?
모음으로 시작하는 단어 앞에서 부정관사는 an을 사용한다.

1.4. 명사

1. I received your letter with delightful.
어색한 부분을 바로 잡으면?
☞전치사 with가 나오면 다음에는 명사가 나온다. delightful은 형용사이다.
I received your letter with delight.

2. It is also for my future childs.
어색한 부분을 바로 잡으면?
☞child의 복수는 children으로 불규칙 명사이다.
It is also for my future children.

3. After I became a university, I lived in the Seoul at first.
어색한 부분을 바로 잡으면?
☞내가 대학이 된다. 내가 대학생이 된다는 의미.
Before I became a university student, I lived in Seoul.

4. there are so many cars and noisy.

어색한 부분을 바로 잡으면?
☞There are so many cars and noise.

5. And big town has so noisy.
어색한 부분을 바로 잡으면?
☞...을 가지다는 타동사의 의미로 사용되었다면 명사가 와야 하며 noisy는 형용사이다.
And a big town is very noisy.

6. I can get the beautiful house with a golden.
어색한 부분을 바로 잡으면?
☞금색의 다음에 명사가 와야 한다. with a golden으로는 충분하지 못하다.
금색의 문은 어떨까요? 정리하면,
I can get the beautiful house with a golden gate.

7. So to live big city has many-sided benefits.
어색한 부분을 바로 잡으면?
☞So living in a big city has many benefits.

8. ... so there is peaceful.
어색한 부분을 바로 잡으면?
☞한 문장 안에 반드시 하나의 주어와 동사가 나와야 한다.
주어진 문장에 명사는 있는가?
there는 유도 부사로 주어가 될 수는 없다. 주어가 없는 셈이다. 정리하면,
... so living in a country is peaceful.

9. I want to have these even if a life in a big city is so crowded and noisy.
어색한 부분을 바로 잡으면?
☞대도시의 삶이 다소 불편하더라도, 그렇게 하겠다는 의미.
Even if a life in a big city is so crowed and noisy, I want to live there.

기타 영작

Capsule 2. 대문자와 구두점

1. I'm fine and i hope you are fine too.
어색한 부분을 바로 잡으면?
☞I'm fine and I hope you are fine, too.

2. Thanks for your e-mail and i'm so sorry that i didn't write sooner. I'm busy too. because i met many friends every day.
어색한 부분을 바로 잡으면?
☞Thanks for your e-mail and I'm so sorry that I didn't reply sooner. I'm busy, too. because I meet many friends every day.

3. I'm fine too.
어색한 부분을 바로 잡으면?
☞I'm fine, too.

4. in addition he's good singer.
어색한 부분을 바로 잡으면?

☞In addition, he's a good singer.

5. My name is kim sin-ae. so my nickname is downtown.. i'm 21 years old.
어색한 부분을 바로 잡으면?
☞My name is Kim Sin Ae. So my nickname is downtown.. I'm 21 years old.

6. I live in chonan. i love my city.
어색한 부분을 바로 잡으면?
I live in Chonan. And I love my city.

7. I keep a dog as a pet. he is coca, and his name is snuffy.
어색한 부분을 바로 잡으면?
☞I keep a dog as a pet. He is coca, and his name is Snuffy.

8. He is very smart and cute.
어색한 부분을 바로 잡으면?
☞He is very smart and cute.

9. I often take a walk with my pet.
어색한 부분을 바로 잡으면?
☞I often take a walk with my pet.

10. For instance there are rebels and wrestling athletes.
어색한 부분을 바로 잡으면?
☞For instance, there are rebels and wrestling athletes.

11. For instance people go to the cherch for oneself.
어색한 부분을 바로 잡으면?
☞For instance, people go to the church for themselves.

12. First from mental point of view, power is the capability that someone is able to rely on you, if he (or she) is in difficult situation.
어색한 부분을 바로 잡으면?
☞First, from mental point of view, power is the capability that someone is able to rely on you, if he (or she) is in a difficult situation.

13. For example a young man moves heavy furniture when we move into a new house.
어색한 부분을 바로 잡으면?
☞For example, a young man moves heavy furniture when one moves into a new house.

14. For example a man who was born poor but becomes a respectable person from hard studying.
어색한 부분을 바로 잡으면?
☞For example, one can see an example of a man who was born poor but becomes a respectable person from hard working.

15. For example when a child is in dangerous situation, females show the mother's affection more powerful than male.
어색한 부분을 바로 잡으면?
☞For example, when a child is in a dangerous situation,

females show the mother's affection more powerful than males do.

16. Power is maturity, by that I mean power take a prudent attitude all of conditions.
어색한 부분을 바로 잡으면?
☞Power is maturity, by that I mean, power takes a prudent attitude in all conditions.

17. ... and if we try hard we can get power.
어색한 부분을 바로 잡으면?
☞... and if we try hard, we can get power.

18. Power is the key
어색한 부분을 바로 잡으면?
☞마침표가 없기 때문에 완전한 문장으로 간주 할 수가 없으며, 무엇의 열쇠인지를 자세하게 설명할 필요가 있다. Power is the key of success in one's life.

19. Second power of money get wealth.
어색한 부분을 바로 잡으면?
☞Second, power of money leads to wealth.

20. Third power of the body open continue the health.
어색한 부분을 바로 잡으면?
☞Third, power of the body leads to health.

21. As a result having power the man gets that he wants everything.

어색한 부분을 바로 잡으면?
☞As a result, by having power, the man gets everything that he wants to.

22. I thought that power means physical health on the other hand, my partner thought wealth.
어색한 부분을 바로 잡으면?
☞I thought that power means physical health. On the other hand, my partner thought wealth.

23. Not always the man is more powerful than the woman but my partner has a tendency to depend on something for man, so she said her feeling.
어색한 부분을 바로 잡으면?
☞Not always the man is more powerful than the woman, but my partner has a tendency of depending on something for man.

기타 영작

Capsule 3. 주어

1. There is famous for red-pepper and the fruit of a Chinese matrimony vine.
청양의 특산물에 관한 설명이다. 어색한 부분을 바로 잡으면?
☞It is famous for red-pepper and the fruit of a Chinese.

2. It's on Saturday... Time is fleeting, isn't it??
어색한 부분을 바로 잡으면?

☞It's Saturday... Time is fleeting, isn't it??

3. As you know, there were in a desperate situation.
홍수 봉사 활동으로 강릉에 갔으며, 그곳사람들의 심정을 묘사하는 대목이다.
어색한 부분을 바로 잡으면?
☞As you know, they were in a desperate situation.

4. I filled my heart with pride.
어색한 부분을 바로 잡으면?
☞I was proud of myself.

5. So I was very nice. ^^*
어색한 부분을 바로 잡으면?
☞바다를 오랫동안 보지 못하다가 보게 되어 기분이 너무 좋았다는 의미
So I felt great. ^^*

6. When I sick, can go fast to the hospital.
어색한 부분을 바로 잡으면?
☞When I am sick, I can go to hospital promptly.

7. And can study easily because there is many institutes.
어색한 부분을 바로 잡으면?
☞And one can study easily because there are many institutes.

8. When we need something desperate such as emergency health care, may not be available.

어색한 부분을 바로 잡으면?

☞When we need something desperate such as emergency health care, it may not be available.

9. For example, compared to the hospital in the suburb, it in the city has has many kinds of medications and advanced equipments.

어색한 부분을 바로 잡으면?

☞For example, compared to the hospital in the suburbs, in the city, there are many kinds of medications and advanced equipments.

10. In big city has many education institutions, teachers and many children.

어색한 부분을 바로 잡으면?

☞In a big city, there are many educational institutions for the teachers and the children.

11. Accordingly, I think live in a big city better than a small town for myself.

어색한 부분을 바로 잡으면?

☞Accordingly, I think living in a big city is better than a small town.

12. What a convenient life is!

어색한 부분을 바로 잡으면?

☞What a convenient life it is!

13. In conclusion, I would prefer living a big city to a small town as mentioned above,
어색한 부분을 바로 잡으면?
☞In conclusion, I would prefer living in a big city to a small town as I mentioned above,

14. If who asked me like that, I want tell that power is leadership.
어색한 부분을 바로 잡으면?
☞If one asks me like that, I want to tell that power is leadership.

15. Second, from physical point of view, the power is the capability that be able to move heavy objects.
어색한 부분을 바로 잡으면?
☞관대로 만드는 것이 오히려 어색한 문장이다.
Second, from physical point of view, the power is the capability of moving heavy objects.

16. Finally from intellect point of view, generally it is the capability that know knowledge a lot.
어색한 부분을 바로 잡으면?
☞역시 관대로 만드는 것이 오히려 어색한 문장이다.
Finally, from the intellectual point of view, generally it is the capability of knowing a lot.

17. The way what listening to the advice of family and friend is good way of learning about life.
어색한 부분을 바로 잡으면?
☞Listening to the advice of family and friends is a good way of learning about life.

18. Except His ability, has decided one's position along an educational courses.
어색한 부분을 바로 잡으면?
☞Except his ability, one needs to decide one's position along an educational courses.

기타 영작

Capsule 4. 형용사

1. I am illness from fatigue, however I feel so good.
어색한 부분을 바로 잡으면?
☞I am sick because of the fatigue, however I feel so good.

2. I watched a fashion show at Jump Milano. It was a interesting.
어색한 부분을 바로 잡으면?
☞I watched a fashion show at Jump Milano. It was interesting.

3. His name is Young-Chul, and he is a 27 years old.
어색한 부분을 바로 잡으면?
☞His name is Young-Chul, and he is 27 years old.

4. You are very kindly for me, thank you!
어색한 부분을 바로 잡으면?
☞You are very kind to me, thank you!

5. Most of men suffer from the autumn.
어색한 부분을 바로 잡으면?

☞Most of the men suffer from the autumn.
In autumn, men tend to feel lonely.

6. Recently most of person who is living in the developed and big city would like to live in the country.
어색한 부분을 바로 잡으면?
☞Recently most of the person who is living in the developed and big city would like to live in the country.

7. ...first of all, there are necessity building.
어색한 부분을 바로 잡으면?
☞first of all, there are necessary buildings.

8. There are many universities, academies and culture centers.
어색한 부분을 바로 잡으면?
☞There are many universities, academies and cultural centers.

9. First of all, I get a variety culture faster than in a country.
어색한 부분을 바로 잡으면?
☞First of all, I will get a various culture faster than in a country.

10. Third, there are lots of education services.
어색한 부분을 바로 잡으면?
☞Third, there are lots of educational services.

11. Most of universities are located in large city.
어색한 부분을 바로 잡으면?
☞Most of the universities are located in large city.

12. And various convenience utilities are in Seoul.
어색한 부분을 바로 잡으면?
☞And various convenient utilities are in Seoul.

13. Big city is convenience place for culture institution.
어색한 부분을 바로 잡으면?
☞A big city is convenient place for cultural institution.

14. And big city has variety amusement center.
어색한 부분을 바로 잡으면?
☞And a big city has various amusement center.

15. But big city's air is very pollution.
어색한 부분을 바로 잡으면?
☞But a big city's air is very polluted.

16. But I think that a small town seems to be very silence and peaceful.
어색한 부분을 바로 잡으면?
☞But I think that a small town seems to be very silent and peaceful.

17. But I feel stability
어색한 부분을 바로 잡으면?
☞But I feel stable.

18. And also most of metropolises have many good places to live a cultural life.

어색한 부분을 바로 잡으면?
☞And also most of the metropolises have many good places to enjoy a cultural life.
Recently most of the person who is living in the developed and big city would like to live in the country.

19. The second, education environment is good.
어색한 부분을 바로 잡으면?
Second, educational environment is good.

20. I want to give them better education environment.
어색한 부분을 바로 잡으면?
☞I want to give them better educational environment.

21. So, I need education institutions.
어색한 부분을 바로 잡으면?
☞So, I need educational institutions.

22. In my case, I feel convenience when I go to school.
어색한 부분을 바로 잡으면?
☞In my case, I feel convenient when I go to school.

23. Though big cities have convenience transportation and many opportunities entertainment and social life.
어색한 부분을 바로 잡으면?
☞Though big cities have convenient transportation systems and many opportunities of entertaining social life.

24. first of all, there are necessity building.

어색한 부분을 바로 잡으면?
☞first of all, there are necessary buildings.

25. Most of universities are located in large city.
어색한 부분을 바로 잡으면?
☞Most of the universities are located in a large city.

26. And various convenience utilities are in Seoul.
어색한 부분을 바로 잡으면?
☞And various convenient utilities are in Seoul.

27. Second, people in the country are very humanity and kind.
어색한 부분을 바로 잡으면?
☞Second, people in the country are very humane and kind.

28. So the people of the city are contact with a culture living, a education environment frequently.
어색한 부분을 바로 잡으면?
☞So the people of the city contact a culture living and are exposed to an educational environment frequently.

29. 21century is informations society.
어색한 부분을 바로 잡으면?
☞The 21century is information society.

30. Lastly, various kinds of education establishments are gathered in a big city.
어색한 부분을 바로 잡으면?

☞Lastly, various kinds of educational establishments are gathered in a big city.

31. Most of people are considering about their living environment.
어색한 부분을 바로 잡으면?
☞Most of the people are considering about their living environment.

32. Most of high-leveled education facilities which have good quality is usually in a big city.
어색한 부분을 바로 잡으면?
☞Most of the high-leveled educational facilities which have good quality are usually in a big city.

33. Many people argue that living a small town is help.
어색한 부분을 바로 잡으면?
☞Many people argue that living a small town is helpful.

34. Many of children can play with nature
어색한 부분을 바로 잡으면?
☞Many children can play with nature.

35. And also most of big cities have many good places to live a cultural life - for example, theaters, concert halls, galleries, and so on.
어색한 부분을 바로 잡으면?
☞And also most of the big cities have many good places to enjoy a cultural life - for example, theaters, concert halls, galleries, and so on.

36. Therefore most of people want to go back to a small town again.
어색한 부분을 바로 잡으면?
☞Therefore most of the people want to go back to a small town again.

37. It means that I can go anywhere and buy most of things I want easily.
어색한 부분을 바로 잡으면?
☞It means that I can go anywhere and buy the things which I want most easily.

38. There are most of public organizations in a big city.
어색한 부분을 바로 잡으면?
☞There are most of the public organizations in a big city.

39. However, this education materials and tools are not enough in the country.
어색한 부분을 바로 잡으면?
☞However, this educational materials and tools are not enough in the country.

40. In a big city, there are hardly trees and flowers.
어색한 부분을 바로 잡으면?
☞In a big city, there are few trees and flowers.

기타 영작

Capsule 5. 전치사

1. I finished the TOEIC on three-month completion course.
어색한 부분을 바로 잡으면?
☞I finished the TOEIC from a three-month completion course.

2. I want to see you Tuesday class.
어색한 부분을 바로 잡으면?
☞I want to see you from Tuesday class.

3. In my opinion, our team will win at the game. Uk··· Mosquito bites me.
어색한 부분을 바로 잡으면?
☞In my opinion, our team will win from the game. Uk··· Mosquito bites me.

4. I was so glad to meet you in English Writing class~!
어색한 부분을 바로 잡으면?
☞I was so glad to meet you from English Writing class~!

5. Writing English mail is hard to me~..Oh! My god! ㅜ.,ㅜ
어색한 부분을 바로 잡으면?
☞Writing English mails are hard for me~..Oh! My god! ㅜ.,ㅜ

6. But it is the only reason to get some rest what most of people are away on vacation every year.
어색한 부분을 바로 잡으면?

☞But it is the only reason why most of the people are away on vacation every year.

7. A big city is always full by people,
어색한 부분을 바로 잡으면?
☞be full of...: ...으로 가득차다는 관용 용법이 있습니다. 따라서,
A big city is always full of people.

8. because of people who go to office early the morning, road and subway are crowded.
어색한 부분을 바로 잡으면?
☞Because of people who go to office early in the morning, road and subway are crowded. 아침에? in the morning입니다.

9. In the end, I can have many benefits in Seoul.
어색한 부분을 바로 잡으면?
In the end, I can have many benefits from Seoul.

10. That can not get in the small town.
어색한 부분을 바로 잡으면?
소도시에서는 또는 소도시로부터는 이라는 의미로 전치사 from이 와야한다.

11. We can enjoy them at free time.
어색한 부분을 바로 잡으면?
☞한가한 시간 동안이라는 의미로 전치사 during이 와야한다.

12. Larger city is convenient than small city to adapting in modern society which change rapidly.
어색한 부분을 바로 잡으면?
☞A larger city is convenient than a small city in adapting to modern society which changes rapidly.

13. In this way, I prefer to live big city.
어색한 부분을 바로 잡으면?
☞In this way, I prefer to live in a big city.
live가 자동사이기 때문에 a big city 라고 하는 목적어를 곧바로 불러들일 수 가 없다.

14. Living big city is very convenient.
어색한 부분을 바로 잡으면?
☞Living in a big city is very convenient.

15. For example, when I want to buy a skirt, I can compare each difference and then purchase the best thing in various stores or department stores.
어색한 부분을 바로 잡으면?
☞For example, if I want to buy a skirt, I can compare the differences with each other and then purchase the best thing from various stores or department stores.

16. These days when I was tired in everyday experience, I was filled with a longing to see the small town.
어색한 부분을 바로 잡으면?
☞These days, when I was tired of everyday's experience, I was filled with a longing to see the small town.

17. I realized that I can't live a small city except to go taking a rest.
어색한 부분을 바로 잡으면?
☞I realized that I can't live in a small city except taking a rest.

18. There are so many facilities as Seoul.
어색한 부분을 바로 잡으면?
☞There are so many facilities in Seoul.

19. I lived in a small town 20years.
어색한 부분을 바로 잡으면?
☞I lived in a small town for 20years.

20. A big city is always full by people.
어색한 부분을 바로 잡으면?
☞A big city is always full of people.

21. Living big city is very convenient.
어색한 부분을 바로 잡으면?
☞Living in a big city is very convenient.

22. We can't experience various cultures in a small town.
어색한 부분을 바로 잡으면?
☞We can't experience various cultures from a small town.

23. In addition, I think when we learn, we can learn more things in a big city than in a small town.

어색한 부분을 바로 잡으면?

☞In addition, I think when we learn, we can learn more things from a big city than a small town.

24. Thus we can experience various cultures there.
어색한 부분을 바로 잡으면?
☞Thus we can experience various cultures from there.

25. So, we can choose anything we want in our free time.
어색한 부분을 바로 잡으면?
☞So, we can choose anything we want during our free time.

26. Although I love Chon-ju so much like this, I think to live in a big city has a lot of advantages, especially to young people.
어색한 부분을 바로 잡으면?
☞Although I love Chon-ju so much like this, I think living in a big city has a lot of advantages, especially to young people.
think는 타동사로 목적어를 불러올 수 있으며, that이 목적절로 올 경우에 흔히 생략할 수가 있다. [028]

27. I can learn it in school or institution, or through books or educational videotapes.
어색한 부분을 바로 잡으면?
☞I can learn it from schools, institutions, books, or educational videotapes.

기타 영작 Capsule 6. 부사

1. But i was some how tired.
어색한 부분을 바로 잡으면?
☞some how는 그럭저럭 해냈다는 의미. 주어진 문장에서는 "꽤"라는 의미의 부사가 필요하다.
But I was somewhat tired.

2. Today the class did finish lately. So I'm very tired.
어색한 부분을 바로 잡으면?
☞lately는 최근에라는 의미의 형용사이다.
Today the class was finished late. So I'm very tired.

3. And we came back in my home all together.
어색한 부분을 바로 잡으면?
☞home은 집에라는 부사로 사용되었다.
And we came back home together.

4. And I can get easily necessary things.
어색한 부분을 바로 잡으면?
☞And I can get necessary things easily.

5. I can easy connect with internet.
어색한 부분을 바로 잡으면?
☞I can easily contact people with the internet.

6. After I work hard, I will be able to always relax very well in nature.

어색한 부분을 바로 잡으면?
☞빈도부사는 조동사와 본동사 사이에 와야한다.
After I work hard, I will always be able to relax very well in nature.

7. But in a big city, we almost can't see a star because of dirty air, smog and light.
어색한 부분을 바로 잡으면?
☞빈도부사의 위치와 관사 사용이 어색하다.
But in a big city, we can't almost see the star because of dirty air, smog, and light.

8. Second, we can use easily public facilities such as hospitals, educational facilities, goverment organizations in the city.
어색한 부분을 바로 잡으면?
☞Second, we can use public facilities easily such as hospitals, educational facilities, and government organizations in the city.

9. And I can do also active things such as hiking, hunting, and fishing.
어색한 부분을 바로 잡으면?
☞And I can also do active things such as hiking, hunting, and fishing.

10. Most important, when you live in a big city you have the benefit of education.
어색한 부분을 바로 잡으면?

☞Most importantly, when you live in a big city, you have the benefit of education.

11. In a small town, we would meet seldom the people not being as much as various.
어색한 부분을 바로 잡으면?
☞In a small town, we would seldom meet the people not being as much as various.

12. I always had lived there,
어색한 부분을 바로 잡으면?
☞I had always lived there,

13. I am so excited when I find great constructions or a pretty cafe which were decorated well.
어색한 부분을 바로 잡으면?
☞so가 나올 경우 연결 장치로 that과 연결이 된다. 주어진 문장에 that 절이 없는 것으로 보아 부사 very로 바꾸어 주는 것이 좋다.
I am very excited when I find great constructions or a pretty cafes which were well decorated.

14. It is impossible for me to buy this big house in a big city, because a big house is so expensive there.
어색한 부분을 바로 잡으면?
☞It is impossible for me to buy this big house in a big city, because a big house is very expensive.

15. For me, it was so quiet and boring.
어색한 부분을 바로 잡으면?
☞For me, it was very quiet and boring.

16. Living in a big city isn't so very pleasant because of environmental pollution.
어색한 부분을 바로 잡으면?
☞Living in a big city isn't very pleasant because of environmental pollution.

17. The first reason why I prefer a big city is that it's convenient to live here.
어색한 부분을 바로 잡으면?
☞그곳에 산다는 의미이므로 유도 부사 there가 와야한다.
The first reason why I prefer a big city is that it's convenient to live there.

18. It means that you also can have your own large garden.
어색한 부분을 바로 잡으면?
☞It means that you can also have your own large garden.

기타 영작 Capsule 7. 수사와 논리

7.1. 수사

1. Thank you very much for your letter dated September 22th.
어색한 부분을 바로 잡으면?

☞Thank you very much for your letter dated September 22nd.

2. This mail becomes first mail to you.(from me)
어색한 부분을 바로 잡으면?
☞This mail will be my first mail for you.

3. This is a last letter... Time certainly flies, doesn't it??
어색한 부분을 바로 잡으면?
☞the only: 유일한, the very: 바로 그, the last: 마지막의 등의 관용어구를 기억하라.
This is the last letter... Time certainly flies, doesn't it??

4. My friend and I stayed there for three days and on second day,
어색한 부분을 바로 잡으면?

☞영어의 수를 둘로 나누면 기수와 서수가 있다. 기수는, one, two, three, ... 등이고, 서수는 차례를 나타내는 first, second, third, ... 등이 있는데 서수 앞에 반드시 정관사 the를 삽입하여야 한다. 정리하면,
My friend and I stayed there for three days and on the second day, ...

5. If one would like to make her or his dream come true in the information age like 21th century,
어색한 부분을 바로 잡으면?
☞21번째 세기는 서수. 따라서 그 앞에 정관사 the를 삽입한다.

If one would like to make her or his dream come true in the information age like the 21st century,

7.2. 논리

1. Today is a nice weekend. Now days, it is chilly like winter. So, there are many people.
   어색한 부분을 바로 잡으면?
   ☞날씨가 추우면 거리에 사람들이 많은가요? 아니지요. 정리하면,
   Today is a nice weekend. Now days, it is chilly like winter. So, there are few people on the street.

2. You can see my e-mail when you are going to a PC room.
   어색한 부분을 바로 잡으면?
   ☞맞고 틀리고의 문제라기보다는 좀 더 적절한 표현을 사용하자면,
   You can check my e-mail if you go to a PC room.

3. Second, people in the country are very humanity and kind.
   어색한 부분을 바로 잡으면?
   ☞시골 사람은 인간적이고 친절하다. 모두가? 아니겠지요? 그러나 그런 성향은 있다는 말입니다. 그리고 주격 보어로 접속사를 중심으로 같은 기능을 하는 말로 연결되어져야 합니다.
   Second, people in the country might be very humane and kind.

4. Third, we can feel comfortable from the development of industry.
어색한 부분을 바로 잡으면?
☞타동사 feel 다음에 목적어로 명사가 와야합니다.
Third, we can feel comfort from the development of industry.
어색한 부분을 바로 잡으면?

기타 영작 Capsule 8. 대명사

1. I lost my cell phone last weekend. So I was very confused. But I found my cell phone yesterday.
어색한 부분을 바로 잡으면?
☞I lost my cell phone last weekend. So I was very confused. But I found it yesterday.

2. My friend came to see me. I'm very happy to meet friend.
어색한 부분을 바로 잡으면?
☞My friend came to see me. I'm very happy to meet her.

3. Its taste was so good. They filled up my stomach.
어색한 부분을 바로 잡으면?
☞Its taste was so good. It filled up my stomach.

4. All of these are not so far from our house, so we can use these conveniently.

어색한 부분을 바로 잡으면?

☞All of these are not so far from our house, so we can use them conveniently.

5. If you live in a small town, there are not crowded and less polluted, also more peaceful than big one.

어색한 부분을 바로 잡으면?

☞If you live in a small town, it is not crowded and less polluted, also more peaceful than a big one.

6. I am one of the people who have lived in a big city with tall buildings and too many cars on the streets since they were born.

어색한 부분을 바로 잡으면?

☞I am one of the people who have lived in a big city with tall buildings and too many cars on the streets since I was born.

7. On the other hand these advantages are not enough to compensate for its disadvantages.

어색한 부분을 바로 잡으면?

☞On the other hand, these advantages are not enough to compensate for their disadvantages.

8. ...so we can use and educational facility which suits me.

어색한 부분을 바로 잡으면?

☞...so we can use educational facility which suits us.

9. My friend said "It's happy".
어색한 부분을 바로 잡으면?
☞My friend said, "I am happy".

10. Therefore they suffer from more anxiety than people.
어색한 부분을 바로 잡으면?
☞주어진 문장에서는 누가 누구인지를 알 수가 없다.
Therefore the above mentioned people suffer from more anxiety than others.

11. It is also the basis of personal self-control and even of that proper pride which enables a man to hold my head high amongst his affairs.
어색한 부분을 바로 잡으면?
☞a man이라고 해서 일반적인 의미로 논점을 시작하고, my head라고 한정 짓는 것은 어색하다. 정리하면,
It is also the basis of personal self-control and even of that proper pride which enables a man to hold one's head high amongst his affairs.

12. My peer and me have other opinion of two.
어색한 부분을 바로 잡으면?
☞주격이 올 자리에 목적격이 와있기 때문에 어색하다.
My peer and I have other opinions.

기타 영작 Capsule 9. 조동사

1. So I arrive in a minute by there.
주어진 문장의 어색한 부분을 바로 잡으면?
☞So I should be arrived there in a minute.

2. ...talk him about Korea, because he don't know anything about Korea.
Originally Steve, Kyle' roommate, went to Everland with us, but he was sick.
He didn't go.
주어진 문장의 어색한 부분을 바로 잡으면?
☞...talk him about Korea, because he doesn't know anything about Korea.
Originally Steve, Kyle's roommate, went to Everland with us, but he was sick.
He didn't go...

3. He can't speak, but he tries to saying. Do you imagine that?
주어진 문장의 어색한 부분을 바로 잡으면?
☞He can't speak, but he tries to say something. Can you imagine that?

4. I can't meditation, because there is a lot of noise.
주어진 문장의 어색한 부분을 바로 잡으면?
☞I can't meditate, because there is a lot of noise.

5. You may can learn the meaning of the word 'neighbourhood' in there.
주어진 문장의 어색한 부분을 바로 잡으면?
☞두 개의 조동사가 위의 문장에서처럼 한꺼번에 같이 나올 수는 없습니다.
You may can learn the meaning of the word 'neighbourhood' in there.

6. They must not distinguished powerful people of the others.
주어진 문장의 어색한 부분을 바로 잡으면?
☞주어진 문장의 문맥으로 보아 수동태가 와야 한다. 조동사도 must 보다는 should가 적절함.
They should not be distinguished with other powerful people.

7. It's possible but we must do not.
주어진 문장의 어색한 부분을 바로 잡으면?
☞역시 두 개의 조동사가 나오는 잘못된 경우이다.
It's possible but we must not do it.

8. The power is not bought with money.
주어진 문장의 어색한 부분을 바로 잡으면?
☞능력의 can을 사용하는 것이 어떠할지?
Power can not be bought with money.

기타 영작

Capsule 10. 소유관계, 대명사, 목적어

10.1. 소유관계

1. ...talk him about Korea, because he don't know anything about Korea.
   Originally Steve, Kyle' roommate, went to Everland with us, but he was sick.
   He didn't go.
   어색한 부분을 바로 잡으면?
   ☞...talk him about Korea, because he doesn't know anything about Korea.
   Originally Steve, Kyle's roommate, went to Ever land with us, but he was sick.
   He didn't go.

2. Frist we gathered bunchs of grapes and washed. Grapes skin was taken off. It was very hard and took a long time, maybe 4 hours.
   어색한 부분을 바로 잡으면?
   ☞Frist we gathered bunches of grapes and washed. Grapes' skin was taken off. It was very hard and took a long time, maybe 4 hours.

3. I like her. She was in "Mask man". The Mask gained distinction as the film that launched Cameron Diaz' career in motion pictures.
   어색한 부분을 바로 잡으면?

☞I like her. She was in “Mask man”. The Mask gained distinction as the film that launched Cameron Diaz’s career in motion pictures.

4. The book title is “Tuesday With Morry”.
어색한 부분을 바로 잡으면?
☞The title of the book is “Tuesday With Morry”.

5. ...and small town is the object of the there adoration.
어색한 부분을 바로 잡으면?
☞...and a small town is the object of the their adoration.

6. so I feel friendly toward it’s.
어색한 부분을 바로 잡으면?
☞it’s는 소유격이 아니라 주격. 그런데 towards가 전치사이므로 명사가 올 자리임.
so I feel like living in a country.

7. When I was young, I went to my grandmom’ house in the country.
어색한 부분을 바로 잡으면?
☞When I was young, I went to my grand mother’s house in the country.

8. It’s clean environment would help people’s mental and physical health.
어색한 부분을 바로 잡으면?
☞Its clean environment would help people’s mental and physical health.

9. ...which is my parents home town.
어색한 부분을 바로 잡으면?
☞...which is my parents' home town.

10. Second, in a small town, we can feel Korean's peculiar emotion.
어색한 부분을 바로 잡으면?
☞Second, in a small town, we can feel Koreans' peculiar emotion.

11. If so, we have own assignment like this.
어색한 부분을 바로 잡으면?
☞If so, we have our own assignment like this.

12. ...because each of two choices has each own advantage over the other.
어색한 부분을 바로 잡으면?
☞...because each of two choices has its own advantage over the other.

13. Outer power of males is great, but females power are stronger than males like the power of maternity or delicated working attitude
어색한 부분을 바로 잡으면?
☞Outer power of males is great, but females' power is stronger than that of males like the power of maternity or dedicated working attitude.

14. First power of love open somebodys mind.
어색한 부분을 바로 잡으면?
☞First power of love opens somebody's mind.

15. Outer power of males is great,...
어색한 부분을 바로 잡으면?
☞ Males' external power is great,...

10.2. 대명사

1. I lost my cell phone last weekend. So I was very confused. But I found my cell phone yesterday.
어색한 부분을 바로 잡으면?
☞I lost my cell phone last weekend. So I was very confused. But I found it yesterday.

2. My friend came to see me. I'm very happy to meet friend.
어색한 부분을 바로 잡으면?
☞My friend came to see me. I'm very happy to meet her.

3. Its taste was so good. They filled up my stomach.
어색한 부분을 바로 잡으면?
☞Its taste was so good. It filled up my stomach.

4. All of these are not so far from our house, so we can use these conveniently.
어색한 부분을 바로 잡으면?
☞All of these are not so far from our house, so we can use them conveniently.

5. If you live in a small town, there are not crowded and less polluted, also more peaceful than big one.
어색한 부분을 바로 잡으면?
☞If you live in a small town, it is not crowded and less polluted, also more peaceful than a big one.

6. I am one of the people who have lived in a big city with tall buildings and too many cars on the streets since they were born.
어색한 부분을 바로 잡으면?
☞I am one of the people who have lived in a big city with tall buildings and too many cars on the streets since I was born.

7. On the other hand these advantages are not enough to compensate for its disadvantages.
어색한 부분을 바로 잡으면?
☞On the other hand, these advantages are not enough to compensate for their disadvantages.

8. ...so we can use and educational facility which suits me.
어색한 부분을 바로 잡으면?
☞...so we can use educational facility which suits us.

9. My friend said “It’s happy”.
어색한 부분을 바로 잡으면?
☞My friend said, “I am happy”.

10. Therefore they suffer from more anxiety than people.
어색한 부분을 바로 잡으면?
☞주어진 문장에서는 누가 누구인지를 알 수가 없다.
Therefore the above mentioned people suffer from more anxiety than others.

11. It is also the basis of personal self-control and even of that proper pride which enables a man to hold my head high amongst his affairs.
어색한 부분을 바로 잡으면?
☞a man 이라고 해서 일반적인 의미로 논점을 시작하고, my head라고 한정 짓는 것은 어색하다. 정리하면,
It is also the basis of personal self-control and even of that proper pride which enables a man to hold one's head high amongst his affairs.

12. My peer and me have other opinion of two.
어색한 부분을 바로 잡으면?
☞주격이 올 자리에 목적격이 와있기 때문에 어색하다.
My peer and I have other opinions.

10.3. 목적어

1. But, I don't finish till now....
어색한 부분을 바로 잡으면?
☞ But, I don't finish preparing for the test till now....

2. The weather is cold. be care you health.
어색한 부분을 바로 잡으면?

☞The weather is cold. Be careful of your health.

3. Take care your health.
어색한 부분을 바로 잡으면?
☞Take care of your health.

4. I want to have game with you on Battle Net someday.
어색한 부분을 바로 잡으면?
☞I want to have Battle Net game with you someday.

5. It was very hard and took a long time, maybe 4 hours. And then we boiled with sugar. Last, we ate bread and jam. That was delicious.
어색한 부분을 바로 잡으면?
☞It was very hard and took a long time, maybe 4 hours. And then we boiled them (grapes) with sugar. Last, we ate bread and jam. That was delicious.

6. I can use easy.
어색한 부분을 바로 잡으면?
☞무엇을 쉽게 사용하는지 즉 목적어가 명확하지가 않다. I can use them easily.

7. In fact, we have to invest more and more in the country.
어색한 부분을 바로 잡으면?
☞In fact, we have to invest more and more money in the country.

8. Of course that place got more than any other places.
어색한 부분을 바로 잡으면?
☞Of course that place got more attention than any other places.

9. Like this, we get more easy in a city whenever and wherever we want.
어색한 부분을 바로 잡으면?
☞Like this, we get more cultural benefits easily from a city whenever and wherever we want.

10. Let's take a look at then.
어색한 부분을 바로 잡으면?
☞Let's take a look at them, then.

11. We can get more comfortable and enjoy many cultural benefit.
어색한 부분을 바로 잡으면?
☞We can get more comfortable environment and enjoy many cultural benefits.

12. We all have to recharge our batteries to get out,
어색한 부분을 바로 잡으면?
☞We all have to recharge our batteries to get out of the routine.

13. But a crowd and a long distance prevents them from doing in the big city.
어색한 부분을 바로 잡으면?

☞But a crowd and a long distance prevents them from enjoying the life in a big city.

14. I sometimes followed with my grandmother for funny,
어색한 부분을 바로 잡으면?
☞전치사의 목적어로 나오는 명사는 격이 목적격이어야 한다.
I sometimes followed my grandmother for fun.

15. However, I couldn't in my small town.
어색한 부분을 바로 잡으면?
☞However, I couldn't make my dream come true in my small town.

16. He will pull out it a few weeks later. Because it isn't enough big to pull out.
어색한 부분을 바로 잡으면?
☞He will pull it out a few weeks later because it isn't big enough to pull it out.

17. But I think, when shy people have a hard time of it,
어색한 부분을 바로 잡으면?
☞주어진 문장에서 목적어 it로 설정하게 되면 문장의 의미가 모호하게 된다.
But I think, when shy people have a hard time of passing through the hardships.

18. preferably they will meet resolutely and calmly.
어색한 부분을 바로 잡으면?

☞무엇을 만난다는 것인지 타동사 meet에 대한 목적어가 나와있지가 않다.

preferably they will meet them resolutely and calmly.

19. ...they will get to comfort and stability as dependence.
어색한 부분을 바로 잡으면?
☞...을 얻다라는 의미로 get은 타동사로 사용된다.
...they will get comfort and stability as being dependent.

20. It is not valuable in money. Because many people get together for listen to music, feel affect, and take part in a concert.
어색한 부분을 바로 잡으면?
☞애정을 느끼다는 의미에서 타동사 feel의 목적어인 명사가 와야한다.
It is not valuable in money because many people get together to listen to the music, feel affection, and take part in a concert.

21. We gain from our own experiences.
어색한 부분을 바로 잡으면?
☞무엇을 얻는 것인지 목적어가 나와 있지 않다.
We gain knowledge from our own experiences.

22. I think it is wrong to judge people by appearances because outer appearances don't necessarily reveal powerful.
어색한 부분을 바로 잡으면?
☞...을 드러내다에 대한 목적어인 명사가 나와야 한다.
I think it is wrong to judge people by appearances because outer appearances don't necessarily reveal power.

23. Also spiritual power comes to God. God gives.
어색한 부분을 바로 잡으면?
☞Also spiritual power comes from God. God gives it to the people.

기타 영작

Capsule 11. 비교 구문, Style, 철자 오류

11.1. 비교 구문

1. In fact, at first I watched fencing game today. It was interesting than what I thought.
어색한 부분을 바로 잡으면?
☞In fact, at first I watched the fencing game today. It was interesting than what I thought.

2. It was so tired than what I thought.
어색한 부분을 바로 잡으면?
☞It was more tiring than I thought.

3. But i think that you are much better than him. ^-^ hoho...
어색한 부분을 바로 잡으면?
☞부모님이 노래를 잘하시기는 하나 비교해 보면 네가 노래를 더 잘한다는 의미.
But I think that you sing much better than he does. ^-^ hoho...

4. I love my aunt. as lovely as my mom. also she loves me.

어색한 부분을 바로 잡으면?
☞I love my aunt as much as my mother. Also she loves me, too.

5. Anyway, my body feels better then before.
어색한 부분을 바로 잡으면?
☞Anyway, my body feels better than before.

6. And the trees in Seoul seem to more wither up than Kangwondo.
어색한 부분을 바로 잡으면?
☞서울의 나무와 강원도의 나무가 서로 비교되어야 한다.
And the trees in Seoul seem to more wither up than those of Kangwondo.

7. First, big city's life is more than convenient small town.
어색한 부분을 바로 잡으면?
☞First, a big city's life is more convenient than that of a small town.

8. I want to live in big city than the village that is small.
어색한 부분을 바로 잡으면?
☞I want to live in a big city than in a small village.

9. Seoul is best big city in korea.
어색한 부분을 바로 잡으면?
☞문맥상 the+최상급 구문으로 만들어 주어야 한다.
Seoul is the biggest city in Korea.

10. Also it is more affluent and convenient than small-city living.
어색한 부분을 바로 잡으면?
☞도시에서 사는 것과 시골에서 사는 것을 비교하는 것이다.
Also living in a city is more affluent and convenient than that of a small city.

11. Seoul is best big city in Korea.
어색한 부분을 바로 잡으면?
☞Seoul is the biggest city in Korea.

12. At first, Maybe the houses are more cheaper than city.
어색한 부분을 바로 잡으면?
☞시골의 집값과 도시의 집값을 비교하는 내용이다.
At first, maybe the houses in the country are more cheaper than those of a city.

13. And there is one more thing. A house in a small town is much more cheap. With the same money, you can have a more big and large house with a green garden.
어색한 부분을 바로 잡으면?
☞And there is one more thing. A house in a small town is cheaper. With the same money, you can have a bigger and larger house with a green garden.

14. So, I prefer the small cities that the big ones.
어색한 부분을 바로 잡으면?
☞So, I prefer a small city to a big one.

15. For the most part, the facilities in Seoul are much better than those in other parts of Korea.
어색한 부분을 바로 잡으면?
☞For the most part, the facilities in Seoul are much better than those of other parts of Korea.

16. It is likely that neighbors are friendlier than a big city.
어색한 부분을 바로 잡으면?
☞It is likely that neighbors of the country are more friendly than those of a big city.

17. In this point, the life in a big city is better than that in a small town.
어색한 부분을 바로 잡으면?
☞At this point, the life in a big city is better than that of a small town.

18. Cities also have a better public service than rural district.
어색한 부분을 바로 잡으면?
☞Cities also have a better public service than that of a rural district.

11.2. Style

1. My family member is 4; mom, dad, younger brother and me
어색한 부분을 바로 잡으면?
☞영작을 할 경우에 주의할 점은 지나칠 정도로 비공식적 인 말을 사용하지 말아야 한다.

mom은 비공식적인 말이다. 정리하면,
There are four members in my family: mother, father, younger brother, and myself.

2. We went to San-Jung lake with mom.
어색한 부분을 바로 잡으면?
☞We went to San-Jung lake with mother.

3. Well..I must go now. My mom is calling me.
어색한 부분을 바로 잡으면?
☞Well, I must go now. My mother is calling me.

4. My mom doesn't like it.
어색한 부분을 바로 잡으면?
☞My mother doesn't like it.

5. In fact, Mom doesn't like holidays like New Year's Day or Chuseok.
어색한 부분을 바로 잡으면?
☞In fact, my mother doesn't like holidays like New Year's Day or Chuseok.

6. If I live in a small town I couldn't feel the pleasure of traveling to contryside Couse I'm living on a big city like Seoul.
☞역시 마찬가지로 cause는 비공식적인 표현이다.
If I live in a small town, I couldn't feel the pleasure of traveling to country side
because I'm living on a big city like Seoul.

7. It cannot be easily answered, cause each life in a big city and a small town has good and bad points in many different respects.
   어색한 부분을 바로 잡으면?
   ☞It cannot be easily answered, because a life in a big city or a small town has advantages and disadvantages in many different respects.

8. If my mom the watching TV I will like the TV.
   어색한 부분을 바로 잡으면?
   ☞If my mother watches TV, definitely, I will be the one who is going to be with her.

9. Nowadays, Everything gonna happened with money even love.
   어색한 부분을 바로 잡으면?
   ☞영작을 할 때에는 축약을 절대 사용하지 마라.
   Nowadays, everything is going to happen with money.
   = Nowadays, everything is related with money.

11.3. 철자오류

1. I hope we will remain gret freinds.
   철자가 잘못된 부분을 바로 잡으면?
   ☞I hope we will remain as great friends.

2. I believe in him and that is my faul.
   철자가 잘못된 부분을 바로 잡으면?
   ☞I believed him and that was my fault.

3. A after a while, I'll go out and I'll go English Academy.
철자가 잘못된 부분을 바로 잡으면?
☞After a while, I'll go to an English Academy.

4. And than we went to zoo as Ji-sun likes animals. There was many animals; lions.
철자가 잘못된 부분을 바로 잡으면?
☞And then, we went to the zoo as Ji-Sun likes animals. There were many animals.

5. I bough the book.
철자가 잘못된 부분을 바로 잡으면?
☞I bought the book.

6. For instance, people go to the cherch for oneself.
철자가 잘못된 부분을 바로 잡으면?
☞For instance, people go to the church for oneself.

7. ...and I think outgoing people are not afraid of difficulty and againest an adverse situation.
철자가 잘못된 부분을 바로 잡으면?
☞...and I think outgoing people are not afraid of difficulty and against an adverse situation.

8. Even though femails are strong spiritually, outer power of males is much more stronger than femails.
철자가 잘못된 부분을 바로 잡으면?
☞Even though females are strong spiritually, outer power of males is much more stronger than females.

기타 영작

Capsule 12. 관계대명사, 부가의문문

12.1. 관계 대명사

1. Now I feel there is a distance between us like a wall and i'm a kid who try to overcome this wall until it hurt me.
   어색한 부분을 바로 잡으면?
   ☞Now I feel there is a distance between us like a wall and I am a kid who tries to overcome this wall until it hurts me. I have a friend in church.

2. Can you understand this mean?? I guess It is a very poetic and esoteric
   어색한 부분을 바로 잡으면?
   ☞Can you understand what this means?? I guess it is very poetic and esoteric.

3. However, I am glad to have a new friend whom I can send e-mail.
   어색한 부분을 바로 잡으면?
   ☞However, I am glad to have a new friend whom I can send e-mail to.

4. There are many buses and the subway. Where that I want can go.
   어색한 부분을 바로 잡으면?
   ☞where와 that이 함께 나오는 것이 어색하군요.
   There are many buses and subways. Where can I go?

5. Second, there are many stores I want to buy anything
어색한 부분을 바로 잡으면?
☞stores와 I want to buy anything의 연결이 부드럽지가 않군요.
Second, there are many stores where I want to buy something.

6. Especially the city in where I live is constructed for living.
어색한 부분을 바로 잡으면?
☞in which는 where의 의미를 가집니다. 따라서 in where는 잘못된 표현이군요.
Especially the city where I live is constructed for residential area.

7. ...and commuting their company to locate at Seoul.
어색한 부분을 바로 잡으면?
☞서울에 회사가 소재하고 있다는 의미인가요? 그렇다면, ...and their company is located in Seoul.

8. I stayed Mokp'o which is my grandmother lived house.
어색한 부분을 바로 잡으면?
☞할머니가 사시는 목포에 머물렀다는 의미이므로, I stayed at Mokpo where my grandmother lived.

9. It has dirty air, dense buildings, traffic jam, and the people whom moves always busily.
어색한 부분을 바로 잡으면?
☞목적격 관계대명사가 나아야 할 특별한 이유는 없으며, 주격이 나와야 합니다.

It has dirty air, dense buildings, traffic jam, and the people who always moves busily.

10. Occasionally I feel the impulse which wants going toward the ocean or to he mountain when I tired in the life,
어색한 부분을 바로 잡으면?
☞Occasionally I feel the impulse that I want to go to the ocean or the mountain when I am sick of my life.

11. Now I will say which I prefer to live big city or small town.
어색한 부분을 바로 잡으면?
☞관계 대명사 which는 선행사인 명사나 대명사가 그 앞에 나와야 한다. say는 that을 목적절로 유도 할 수가 있다. 주어진 문장을 다듬으면,
Let me tell you which one I would prefer, to live in a big city or a small town.
이때의 which는 관계 대명사가 아니고 의문 대명사로 의미는 어느 쪽의 의미를 가진다.

12. First of all, because it's near lots of shops, we can buy easily something to need our daily lives.
어색한 부분을 바로 잡으면?
☞First of all, because there are lots of shops around, we can buy something in need easily.

13. It is hard to choose where I live in,
어색한 부분을 바로 잡으면?
☞in which = where 기억하시나요?
It is hard to choose where I live.

14. Our environment that most important our property is in trouble seriously.
어색한 부분을 바로 잡으면?
☞관계 대명사 that절의 구조가 이상하군요. 그리고 정동사 뒤의 두 개의 부사의 위치도 어색 합니다. 정리하면,
Our environment that affects our property is seriously in trouble.

15. Nam-won, where is famous for Sung Chun-hyang and Lee Mong-lyong, was a beautiful country.
어색한 부분을 바로 잡으면?
☞남원을 받아주는 주격 관계 대명사는 which이다.
Nam-won, which is famous for Sung Chun-hyang and Lee Mong-lyong, was a beautiful country.

16. Another reason what I hate this city life is, people' relationship is really bad.
어색한 부분을 바로 잡으면?
☞관계 대명사 what은 선행사인 명사나 대명사가 필요 없다. reason과 연결되는 관대는 which.
Another reason which I hate this city life is that people's relationships are really bad.

17. This situation is real of children who living in the big cities.
어색한 부분을 바로 잡으면?
☞관계 대명사 부분이 어색하군요. 관계 대명사 부분의 동사가 없다 보니까 문장이 어색하게 보입니다.

This situation is applicable to the children who live in the big cities.

18. And a merit that a big city is connect with many other cities makes people to get easy to the meetings.
어색한 부분을 바로 잡으면?
☞문장이 혼동을 주는군요. 이런 경우 제일 먼저 해야 할 일은? 정동사를 찾는 일입니다. 주어진 문장의 정동사는? is군요. 그렇다면 관대 부분의 동사가 나와있지 않군요. 전달하려는 의미는 무엇일까요? 대도시의 장점은 다른 지역의 사람들과 연결을 쉽게 해준다는 의미이겠지요? And a merit that a big city has is to connect people from many other cities. Therefore people can get together more easily.

19. I love my life in where I live now.
어색한 부분을 바로 잡으면?
☞계속 보는 잘못된 유형지요? 무엇이 문제인가요? 그렇습니다. in where라는 표현은 없습니다. where의 의미가 in which이기 때문입니다. 그리고, 내가 살고 있는 삶이라는 의미보다는 내가 살고 있는 곳이 어떠할런지요? 정리하면? I love my place where I live now.

20. Typically there are three fundamental elements we need in our lives.
어색한 부분을 바로 잡으면?
☞elements와 we need in our lives의 연결 장치가 필요하다. that 또는 which가 와야한다.

Typically there are three fundamental elements that we need in our lives.

21. As shelter is one of the essential part in our lives, we should choose the place we live carefully.
어색한 부분을 바로 잡으면?
☞one of 다음에 복수 명사가 와야한다. 그리고, place와 we live carefully를 연결하는 장치가 필요하다.
As shelter is one of the essential parts in our lives, we should choose the place where we live carefully.

22. In this big city in that I have been living,
어색한 부분을 바로 잡으면?
☞in that은 관용용법으로 ...라는 점(면)에서의 의미이다.
In this big city where I have been living,

23. I usually go out and look at many-sided people and various clothes what they put on.
어색한 부분을 바로 잡으면?
☞many-sided가 어색하고, 관대 what은 선행사 없이 사용할 수 있는 관계 대명사이다.
I usually go out and look at various people and clothes.

24. On the other hand, I like big cities where are many different people passing, loud horns from cars, delight songs from cafe, shinny department window and tall sky scrapers.
어색한 부분을 바로 잡으면?
☞관계 대명사 안에 주어가 없고, 병렬구조가 어색하다. 정리하면,

On the other hand, I like big cities where there are many different people passing, loud horns from cars, delight songs from cafe, shinny department window, and tall sky scrapers.

25. The person who a man of high social standing, sometimes forget their awful times, they do rash and thoughtless action.
어색한 부분을 바로 잡으면?
☞주격 관계 대명사 다음 정동사가 빠진 경우이다.
The person, who is a man of high social status, sometimes forget their awful times, and they do rash and thoughtless action.

26. But I like read the book, this is effect of mother.
어색한 부분을 바로 잡으면?
☞But I like to read books which is the effect of my mother.

27. There is one man has the great strength of body and talent.
어색한 부분을 바로 잡으면?
☞주격이고 사람인 관계 대명사 who가 와야 할 자리이다.
There is one man who has the great strength of body and talent.

28. The man who well-educated earns a lot of money
어색한 부분을 바로 잡으면?
☞The man who is well-educated earn a lot of money.

29. Favorite work means a selected work what people want.

어색한 부분을 바로 잡으면?
☞Favorite work means a selected work that people want to do.

30. I think people feel happy when people lives to be with, people does work what they want.
어색한 부분을 바로 잡으면?
☞I think people feel happy when they live together, and do work that they want to.

31. And they also have minds which loving their neighborhood.
어색한 부분을 바로 잡으면?
☞관계 대명사 안에 동사가 없군요.
And they also have minds where they love their neighborhood.

12.2. 부가의문문

부가의문문에서는 주절이 긍정일 경우 부가의문문은 부정이 된다.

1. I know a little about you, don't you?
어색한 부분을 바로 잡으면?
☞You know me, don't you?

2. I need someone to advise for me. do you?
어색한 부분을 바로 잡으면?
☞이 경우 need가 조동사가 아닌 필요하다는 의미의 일반 동사라는 사실을 주의 할 것.
I need someone to advise this for me, don't I?

3. Last week, the basket ball game was very interesting, weren't it?
어색한 부분을 바로 잡으면?
☞Last week, the basket ball game was very interesting, wasn't it?

기타 영작

Capsule 13. 부사와 수동태

13.1. 부사

1. But I was some how tired.
어색한 부분을 바로 잡으면?
☞some how는 그럭저럭 해냈다는 의미. 주어진 문장에서는 "꽤"라는 의미의 부사가 필요하다.
But I was somewhat tired.

2. Today the class did finish lately. So I'm very tired.
어색한 부분을 바로 잡으면?
☞lately는 최근에라는 의미의 형용사이다.
Today the class was finished late. So I'm very tired.

3. And we came back in my home all together.
어색한 부분을 바로 잡으면?
☞home은 집에라는 부사로 사용되었다.
And we came back home together.

4. And I can get easily necessary things.

어색한 부분을 바로 잡으면?
☞And I can get necessary things easily.

5. I can easy connect with internet.
어색한 부분을 바로 잡으면?
☞I can easily contact people with the internet.

6. After I work hard, I will be able to always relax very well in nature.
어색한 부분을 바로 잡으면?
☞빈도부사는 조동사와 본동사 사이에 와야한다.
After I work hard, I will always be able to relax very well in nature.

7. But in a big city, we almost can't see a star because of dirty air, smog and light.
어색한 부분을 바로 잡으면?
☞빈도부사의 위치와 관사 사용이 어색하다.
But in a big city, we can't almost see the star because of dirty air, smog, and light.

8. Second, we can use easily public facilities such as hospitals, educational facilities, goverment organizations in the city.
어색한 부분을 바로 잡으면?
☞Second, we can use public facilities easily such as hospitals, educational facilities, and government organizations in the city.

9. And I can do also active things such as hiking, hunting, and fishing.
   어색한 부분을 바로 잡으면?
   ☞And I can also do active things such as hiking, hunting, and fishing.

10. Most important, when you live in a big city you have the benefit of education.
    어색한 부분을 바로 잡으면?
    ☞Most importantly, when you live in a big city, you have the benefit of education.

11. In a small town, we would meet seldom the people not being as much as various.
    어색한 부분을 바로 잡으면?
    ☞In a small town, we would seldom meet the people not being as much as various.

12. I always had lived there,
    어색한 부분을 바로 잡으면?
    ☞I had always lived there,

13. I am so excited when I find great constructions or a pretty cafe which were decorated well.
    어색한 부분을 바로 잡으면?
    ☞so가 나올 경우 연결 장치로 that과 연결이 된다. 주어진 문장에 that 절이 없는 것으로 보아 부사 very로 바꾸어 주는 것이 좋다.

I am very excited when I find great constructions or a pretty cafes which were well decorated.

14. It is impossible for me to buy this big house in a big city, because a big house is so expensive there.
어색한 부분을 바로 잡으면?
☞It is impossible for me to buy this big house in a big city, because a big house is very expensive.

15. For me, it was so quiet and boring.
어색한 부분을 바로 잡으면?
☞For me, it was very quiet and boring.

16. Living in a big city isn't so very pleasant because of environmental pollution.
어색한 부분을 바로 잡으면?
☞Living in a big city isn't very pleasant because of environmental pollution.

17. The first reason why I prefer a big city is that it's convenient to live here.
어색한 부분을 바로 잡으면?
☞그곳에 산다는 의미이므로 유도 부사 there가 와야 한다. The first reason why I prefer a big city is that it's convenient to live there.

18. It means that you also can have your own large garden.
어색한 부분을 바로 잡으면?

☞It means that you can also have your own large garden.

13.2. 수동태

1. This game ended in a tie one to one. I was inconvenienced.
어색한 부분을 바로 잡으면?
☞경기 입장에서 자신이 알아서 끝나는 것이 아니기 때문에 수동으로 하고, 점수가 동점일 경우 불편하다는 의미보다는 조바심 난다는 의미가 좋을 듯하다.
This game was ended in a tie, that is, one to one. I was nervous.

2. When the movie was end my heart was breaking. It was so sad.
어색한 부분을 바로 잡으면?
☞When the movie was ended, my heart was broken. It was so sad.

3. I must be get up late tomorrow, that is why I don't go to school tomorrow~ hhhh
어색한 부분을 바로 잡으면?
☞I can get up late tomorrow, because I don't go to school tomorrow~ hhhh

4. Wow~ Mail is written so long~! What the on earth~!kk
어색한 부분을 바로 잡으면?
☞Well, this is such a long mail~!

5. Many trees change red and yellow leaves. And the sky is blue.
어색한 부분을 바로 잡으면?
☞The colors of the leafs of the trees are changed as red and yellow. And the sky is blue.

6. So I have been live a big city and a small town.
어색한 부분을 바로 잡으면?
☞So I have lived in a big city and a small town.

7. But I was very surprised a lot of people and many cars.
어색한 부분을 바로 잡으면?
☞But I was very surprised at a lot of people and many cars.

8. I'd like to live in a small town that surrounded with forest.
어색한 부분을 바로 잡으면?
☞be surrounded with: ...으로 쌓여있다는 관용용법이다.
I'd like to live in a small town that is surrounded with forest.

9. In a big city, noise caused by a lot of people, cars, and so on.
어색한 부분을 바로 잡으면?
☞In a big city, noise is caused by a lot of people, cars, and so on.

10. In this situation, I think that the leadership can't gets without patience and courage.
어색한 부분을 바로 잡으면?

☞In this situation, I think that the leadership can't be obtained without patience and courage.

11. Because she thinks that the power can achieve naturally if they do themselves best.
어색한 부분을 바로 잡으면?
☞Because she thinks that the power can be achieved naturally if they do their best.

12. Therefore, it can't buy with money.
어색한 부분을 바로 잡으면?
☞Therefore, it can't be bought with money.

13. Though it can buy with money...
어색한 부분을 바로 잡으면?
☞Though it can be bought with money...

14. Second power of money get wealth.
어색한 부분을 바로 잡으면?
☞Second, wealth can be obtained from power of money.

15. The word of "power" is implyed for many meanings.
어색한 부분을 바로 잡으면?
☞The word of "power" implies many meanings.

16. Physical power is came to the front force.
어색한 부분을 바로 잡으면?
☞Physical power comes from the front force.

17. Generally, man is easier to promate than waman when getting promotion in Korean companies or having affairs to represent in their groups.
어색한 부분을 바로 잡으면?
☞Generally, men are easier to be promoted than women in companies.

기타 영작 Capsule 14. 연결사

1. If there is a bad customers, there is a good and polite customers. She is looks like my grandmother, and she's product gives me not only a lot of emotion but also indulge in think.
어색한 부분을 바로 잡으면?
☞not only A, but also B 로 연결되는 구문으로 같은 성격의 구문으로 연결해 주어야 한다.
There are good and bad customers all the time. She looks like my grandmother, and her productivity gives me not only impressive but also thought provoking.

2. THE FIRST, for my healthy automobile exhaust gas, overcrowding are bring about smoke pollution and a noise.
어색한 부분을 바로 잡으면?
☞글을 쓸 때, 첫 번째, 두 번째 등의 순서를 나타낼 경우에 관사를 사용하지 않는다.
First, air pollution caused by cars may bring environmental problems.

3. THE SECOND, country in small town, has intimate neighberhood and settlement
어색한 부분을 바로 잡으면?
☞Second, country life may bring intimate relationships with people.

4. THE THIRD, for my dog's happiness.
어색한 부분을 바로 잡으면?
☞Third, for my dog's happiness.

5. Opposite, big city also have other adventage.
어색한 부분을 바로 잡으면?
☞반면에 라는 의미로, on the contrary, in contrast등의 표현을 사용한다.
On the contrary, a big city also offers other advantages.

6. At the end, generally speaking, city has many convenient facilities.
어색한 부분을 바로 잡으면?
☞전체적으로 볼 때라는 의미로는, overall을 사용한다.
Overall, a city has many convenient facilities.

7. To conclude, however a small town has a few merits, I want to live in a big city because of the above reasons.
어색한 부분을 바로 잡으면?
☞결론을 말하자면의 의미로 사용되는 관용용법은, to make a long story short, in short, in sum, in conclusion등의 표현을 사용한다.

In conclusion, however a small town has a few merits, I want to live in a big city because of the above reasons.

8. On other side big city's environment is very noisy and loud.
어색한 부분을 바로 잡으면?
☞반면에라는 의미로 사용하는 관용어구가 와야 한다.
On the other hand, a big city's environment is very noisy and loud.

9. For that, we needed the power of men and materials.
어색한 부분을 바로 잡으면?
☞위와 같은 이유로 라는 의미의 연결사가 와야한다.
Because of the above mentioned reasons, we needed the power of men and materials.

10. Thirth, we can take comfortable traffic systems in the city.
어색한 부분을 바로 잡으면?
☞Third, we can enjoy comfortable traffic systems in the city.

11. The first, traffic is very convenient.
어색한 부분을 바로 잡으면?
☞First, traffic is very convenient.

12. The second, education environment is good.
어색한 부분을 바로 잡으면?
☞Second, educational environment is good.

13. The third, big city has many companies.
어색한 부분을 바로 잡으면?
☞Third, one can make many friends in a big city.

14. The fourth, there are many cultural institutions.
어색한 부분을 바로 잡으면?
☞Fourth, there are many cultural institutions.

15. The last, I like meeting people.
어색한 부분을 바로 잡으면?
☞마지막으로라는 의미의 관용 용법은 finally를 주로 사용한다.
Finally, I like meeting people.

16. The third, welfare facilities are well equipped.
어색한 부분을 바로 잡으면?
☞Third, welfare facilities are well equipped.

17. the forth, comparing to the buildings of the country, the buildings in the city are nice and modern.
어색한 부분을 바로 잡으면?
☞Forth, compared to the buildings of the country, the buildings in the city are nice and modern.

18. The fifth, we can enjoy the benefits of civilization such as an amusement park.
어색한 부분을 바로 잡으면?
☞Fifth, we can enjoy the benefits of civilization such as an amusement park.

19. The first, we'll find some merits and demerits in an urban life.
어색한 부분을 바로 잡으면?
☞First, we'll find some merits and demerits from an urban life.

20. As it were, a small town gives me peace of mind.
어색한 부분을 바로 잡으면?
☞위에서 말한 것처럼 이라는 의미로
As I said above, a small town gives me peace of mind.

기타 영작

Capsule 15. 불필요한 말

1. I went to go to the theater with my sister.
위의 문장을 보면 간다는 의미로 went와 go가 중복해서 나온 것을 알 수가 있다.
올바른 문장으로 바꾸면?
☞I went to the theater with my sister.

2. There was 4 roller coster in Everland. We took the roller coster 3 times each machine.
올바른 문장으로 바꾸면?
☞There were four roller coasters in Ever land. We rode them three times.

3. If I won the lottery i will to go to live in a small town,
올바른 문장으로 바꾸면?
☞If I won the lottery, I will live in a small town.

4. Even a joke, but i will to live in a small town,
올바른 문장으로 바꾸면?
☞Even a joke, but I will to live in a small town,

5. Even a joke, but이 농담으로 하는 말이라는 뜻인가요? 어색하군요.
올바른 문장으로 바꾸면?
☞I will live in a small town, anyway.는 어떨까요?

6. The best of advantages is that child feels nature surrounding.
올바른 문장으로 바꾸면?
☞best 그리고 advantage 모두 중복된 의미로 생각되어집니다. 문장을 정리하면,
The advantage is that a child is exposed to natural surrounding.

7. When I was very young, I grew up in a country from six to nineteen.
어색한 문장을 바로 잡으면?
☞At the age of six to nineteen, I grew up in a country.

8. I much prefer living in a big city to countryside.
어색한 문장을 바로 잡으면?
☞prefer에 더 좋아한다는 의미가 있기 때문에 much는 중복된 의미를 가진다.
I prefer living in a big city to a countryside.

9. It must be boring to do these things over and over and every weekends.
어색한 문장을 바로 잡으면?

☞every weekends가 반복된 행위를 나타내기 때문에 over and over를 사용하면 의미가 중복 되게 된다.

It must be boring to do these things every weekends.

지금 부터는 영작에 가장 필요한 내용과 구조에서 핵심이 되는 내용을 중심으로 정리해 보도록 하자.

제1강. 글의 골격을 세워라

집을 지을 때 기초가 튼튼하고 골격을 잘 세워야만 좋은 집을 지을 수 있는 것처럼 글도 마찬가지로 골격을 잘 짜야(cubing, pre-writing activity) 구성이 탄탄한 좋은 글을 쓸 수가 있다. 구체적으로 무엇을 적어야 할 것인지에 대해서 자로 재듯 정확한 계획을 세우지 않고 글을 쓴다면, 글 쓰는 사람은 그 방향을 잃어버리기가 쉽고 독자에게는 매우 산만한 글로 느껴 질 수 있다. 글의 구성을 전체적으로 조명해보면,

단어 - 구 - 문장 - paragraph - essay

단어는 글의 가장 기본적인 단위이며 두 개 이상의 단어가 모여 구(phrase)가 되고, 두 개 또는 세 개 이상의 단어가 모여 그 안에 하나의 어와 동사가 있을 때 문장이 되며, 여러 개의 문장이 모여서 하나의 paragraph를 만든다. 여러 개의 paragraph가 모였을 때

비로소 하나의 에세이가 된다. 하나의 에세이에는 서론, 본론, 결론을 나타내는 적어도 세 개의 paragraph가 와야 한다는 것은 우리가 너무나도 잘 알고 있을 것이다. 다음에 나오는 예문을 보면서 이러한 원칙들이 얼마나 잘 지켜지고 있는지 살펴보도록 하자.

① 골격 만들기 연습

다음에 나오는 글은 출생한 순서가 그 사람의 삶에 어떠한 영향을 주는가를 탐구한 글이다. 이미 쓰여 진 글을 가지고 역순으로 이 글을 이제 쓰려고 한다고 가정하고 글의 골격을 그려보자.

How Your Birth Order Influences Your Life Adjustment

LUCILLE K. FORER

When we are born into a family unit or brought into it through adoption or as a step-child, we take a certain place in the family hierarchy. We become only child, oldest child, middle child, or youngest child.

The first and most obvious effect of taking a certain position in the family is the relationship we have with respect to the people already there. If there are only adults present, we are in a very close and often intense relationship with them, as anyone knows who has had a child or who has watched first-time parents hovering over their infants. This constant and close relationship gives the first child in the family an opportunity to imitate and learn from these adults to the fullest possible extent. The first child imitates their physical mannerisms and learns speech from them. He learns many more things and much of the learning takes place on an unconscious level. That is, neither the parents nor the child verbalize that thus and so is the way to do something. The child observes and imitates.

Relationship with Parents

From the beginning the parents treat the child in accordance with his place in the family and soon the child recognizes that place. He is the child in the family, and he tends to think of himself as a child in relation to adults. The only child never has any reason to change such perception of his role and he tends to carry into adulthood a strong feeling of being a child in relation to other people.

The first child, who becomes the older or oldest child, does not have this unlimited time to view himself as the child in the relationship with his parents. When a sibling arrives, he tries to suppress the view of himself as a child and he struggles to be parental. We shall find that in both childhood and adulthood the older or oldest child's emphasis upon being "parental" offers him both advantages and problems.

Children who follow the first child in the family come into a situation where the relationship with the parent is, except in most unusual cases, shared with another child. The parents themselves have been changed by the preceding child or children in many ways. They are more experienced as parents. They may not welcome their later children with as much delight as they did their first child, but they are probably less tense and anxious about being able to care for them properly. The later children enjoy many advantages as a result of having more relaxed parents. They benefit from the tendency of parents to try out ideas on their first child and to be more tolerant with later children. After testing judgments about matters ranging from when to toilet train a child to attitudes taken about dating, parents are relatively certain of approaches to take with later children ind they are usually more relaxed (and exhausted) ones.

The first child serves as a barrier between later children and the parents. He is one of the models for his siblings. Later children in a family do not feel the same dependency on the parents for sustenance and companionship as did the first child. They have a "peer" to turn to when the parents are not available. Consequently they do not have such intense feelings of loneliness when the attention of the parents is directed elsewhere, nor do they seem to feel so inadequate when they do not meet the standards of their parents.

Extremely important to differentiating later children from first children is the extent to which direct identification with the parents is diluted for the later children. The later children seem more content to move gradually from child to adult. They do not seem to try as hard, as does the oldest child, to be parental and adult even during childhood.

How Children See Themselves and Others

The child becomes known as the family's only child, oldest child, middle child, or youngest child, depending on his birth order. He is thought and talked about as having that place in the family. Both in his mind and in the minds of other people an important part of his identity is his family position.

The other members of the family assume certain attitudes toward each child in terms of his birth order. Parents usually expect their oldest child to be more capable and more responsible than the younger children. The oldest child comes to think about himself in the same way. These ways of seeing himself, of thinking about himself because of his sibling role, become part of his self-concept.

Older or oldest brother or sister tends to develop a self-concept that includes the belief that "I can do many things better than my siblings can. I am more adequate than other people in many situations."

The middle child comes to think of himself as sometimes better able to do things than other people because he is usually more capable than his younger sibling or siblings. Sometimes, though, he must turn to his older sibling or to his parents for help and so he comes to think of himself as able to obtain help when he needs it.

The youngest child tends to think, "I am less able to do many things than other people. But I need not be concerned because there are always others around to take care of me."

The role we take as the result of being in a certain place in the family not only causes us to think about ourselves in certain ways, but it also causes us to think about other people in certain ways. The oldest tends to expect other people to be relatively less capable. The middle child has less specific expectations about the capabilities of other people. The youngest may see others as more adequate while the only child tends to think, "I am most secure when there are parents around to take care of me, but when they are not there, I have no one to turn to for help. So I'd better learn to take care of myself as much as possible."

The place in the family establishes for the child a specific role to be played within the family group. it influences him to develop certain attitudes toward himself and toward other people and helps him develop specific patterns of behavior.

Birth Order cubing 도식화의 예

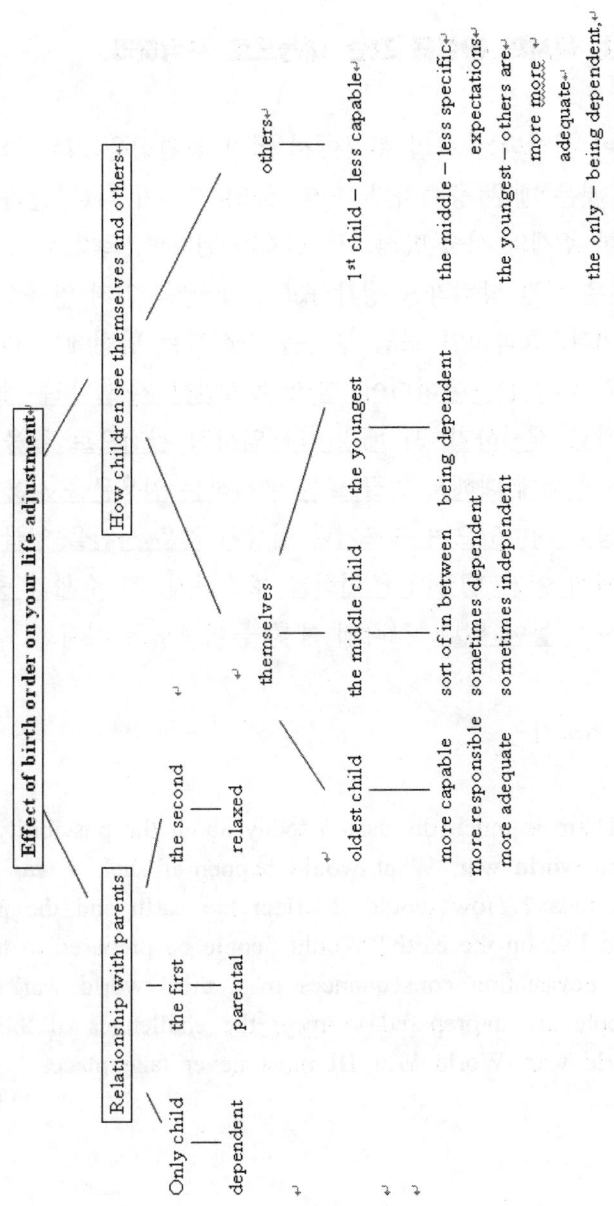

제2강. 독자의 관심을 끄는 내용으로 시작하라.

글이 시작되는 도입 부분에서 독자의 관심을 끄는 글로 시작하는 것은 매우 중요하다. 만약 글의 서두가 다른 글과 같거나 비슷한 주제와 서술 방식으로 전개가 된다면, 독자는 그 글을 읽는 것은 시간 낭비라고 생각하고 결국 글을 읽지 않을수도 있기 때문이다. 효과적인 도입 부분을 작성하는 방법에는 1) 물어보기, 2) 재미있는 아이디어, 깜짝 놀랄만한 사실, 또는 놀랄만한 통계자료 제시하기, 3) 배경이나 역사적 관점으로 글을 전개하기, 4) 주제에 대해서 언급 또는 예시하는 인용문을 사용하기, 5) 흥미롭고 재미있으며 슬프거나 심상치 않은 사건을 언급하기, 6) 독자에게 어떤 행동이나 변화를 호소하기, 7) 주제의 중요성을 언급하기 등이 있다. 각각의 예를 들어보도록 하자.

1) 물어보기

There is much discussion today about the possibility of a third world war. What would happen if such a war broke out today? How would it affect the earth and the people who live on the earth? Would people be prepared to handle the devastating consequences of a third world war? Most people are unprepared to meet the challenges of the next world war. World War III must never take place.

2) 재미있는 아이디어, 깜짝 놀랄만한 사실, 또는 놀랄만한 통계 자료 제시하기

Four million Jews were killed in World War II. Today, we have more powerful weapons than we had in World War II. These weapons are capable of destroying whole nations. World War III must never take place.

3) 배경이나 역사적 관점으로 글을 전개하기

Since our creation, we have been engaged in warfare. In ancient times, we fought territorial and religious wars. In the Middle Ages, we fought for land, for money, and for power. Today, we fight among ourselves for a variety of reasons. However, wars must not be fought in the future. World War III must never take place.

4) 주제에 대해서 언급 또는 예시하는 인용문을 사용하기

Abraharn Lincoln once said, “War can only result in the destruction of the human species.” If we believe this statement, then, we must believe that war is wrong. World War III must never take place.

5) 흥미롭고 재미있으며 슬프거나 심상치 않은 사건을 언급하기

Stacy Trang, from Vietnam, was the only surviving daughter of a family of ten children. She survived because of the efforts of several American soldiers who brought her safely out of Vietnam during the Vietnam War. Her mother was killed by soldiers. Her father died in prison; and her siblings died of starvation. Stacy is just one of millions who suffered the consequences of the war. War is destructive. World War III must never take place.

6) 독자에게 어떤 행동이나 변화를 호소하기

War is evil and needless. You can help prevent it by taking specific actions. World War III must never take place.

7) 주제의 중요성을 언급하기

If World War III takes place, the earth will be completely destroyed. The fives of millions of soldiers and civilians will be lost. World War III must never take place.

제3강. 글에는 머리, 몸통, 다리가 있어야 한다.

우리는 살아가면서 많은 생각과 결정을 한다. 점심때 밥은 무엇을 먹을까? 여행은 차로 갈까 아니면 기차로 갈까? 등등. 사실 따지고 보면 우리들의 삶은 크든 작든 간에 결정과 실천의 연속이라고 할 수 있다. 그런데 그 과정을 살펴보면, 결정은 머리가 하지만 행동은 손과 발이 한다고 하겠다. 머리에서 아무리 좋은 결정을 하였다고 하지만 손과 발이 그 결정에 따르지 않으면 모든 것이 허사라고 할 수 있다. 머리로는 기차를 타고 부산을 가겠다고 하면서도 고속버스를 타러 터미널에 가는 사람을 보기란 쉽지가 않을 것이다.

글도 사람과 마찬가지로 분명 서론(머리), 본론(몸통), 그리고 결론(다리)으로 나누어져 있다. 서론에서 기차를 타고 부산을 가겠다고 하고서 본론에서 고속버스터미널에서 표를 빨리 구입하는 방법을 이야기 할 수는 없을 것이다. 글의 구조를 분류하고 각각의 기능을 간단히 살펴보면 다음의 도표와 같다.

글의 구조	내용
서론	Tell the reader what's coming (어떤 내용의 글이 나올지 독자에게 미리 알려준다) Discussing from general to specific (누구나 공감 할 수 있는 일반적인 주제로 시작해서 글에서 주로 언급하려는 내용으로 그 범위를 좁힌다)
본론	Explain(설명하고) Probe/prove(탐구 또는 증명하고) Support(주장을 뒷받침하라) 자신이 주장하는 바를 뒷받침 할 수 있는 예를 제시함으로서 독자의 동의를 유도한다.
결론	Restating the thesis statement and delivering the concluding remarks(주제문을 다시 한 번 언급하고 결론을 짓는다)

우리가 사람을 볼 때 얼굴과 생각으로 그 사람을 판단하듯이 글에서 서론은 그 글의 얼굴이며 앞으로 무슨 이야기를 하겠다고 독자에게 알려주는 전주곡 역할을 한다. 본론에서는 서론에서 말한 것에 대한 예시를 통해 주장한 바를 입증하는데 주력해야 한다. 여기서 우리가 조심해야 할 것은 작가가 반드시 서론에서 말한 바를 과학적인 근거를 제시하면서 입증할 필요는 없다

는 것이다. 글에 따라서, 자신의 가설을 밝히고 구체적인 자료를 제시하면서 자신의 주장을 입증(proof)하는 글도 있겠지만, 어떤 대상이나 사실에 대해서 관심을 가지고 그 사실이나 대상을 이해하기 위해서 탐구(explore)하는 글도 얼마든지 있을 수 있기 때문이다. 우리의 관심사인 TOEFL essay test나 기타 대부분의 작문 시험은 수험생에게 구체적인 자료를 제시하면서 자신의 가설을 말하고 검정하는 문제보다는 어떤 사실에 대해서 작가가 가지고 있는 생각의 깊이와 그 생각을 얼마만큼 설득력 있게 독자들에게 전달하는가에 초점을 맞추고 있다는 사실을 주목할 필요가 있다. ETS에서 제시한 다음의 작문 문제의 예를 보자.

A company has announced that it wishes to build a large factory near your community, Discuss the advantages and disadvantages of this new influence on your community. Do you support or oppose the factory? Explain your position.

당신이 살고 있는 지역사회 내에 대규모 공장을 건설한다고 할 때 그 결과가 지역사회에 미칠 파급 효과에 대해서 생각해 보고 장단점을 토의해 보라는 문제이다. 이 경우에 물론 정확한 통계치나 공신력 있는 정부기관에서 발행한 책자를 인용함으로서 자신의 주장을 펼쳐 나갈 수도 있겠지만 작가의 의견을 물어보는 것이 주안점이다. 따라서 이 문제에 대해서 작가가 얼마만큼 생각했으면 그것을 조리 있게 잘 설득하느냐가 더 중요한 문제인 것이다.

결론에서는 서론에서 말한 바를 다시 한번 말을 바꾸어 요약하면서 문장을 끝마친다.

그렇다면 서론, 본론, 결론의 분량은 어떨까? 글이 이루어지는 과정을 보면, 단어, 구, 문장, paragraph, 그리고 마지막으로 essay 순으로 이루어지는데 여러개의 paragraph가 모여 하나의 essay를 만들 수도 있지만(일반적으로 신문 논설의 경우처럼), 영작문 시험의 경우 반드시 그렇다고 볼 수는 없으며 경우에 따라서 하나의 paragraph안에 서론, 본론, 결론을 모두 포함시켜 essay로 만드는 요령을 터득하는 것이 제한된 시간에 논점을 정확하게 밝혀야 하는 시험을 준비하는 사람들에게는 더 실질적인 접근 방법이라고 하겠다. 현대인들이 스트레스를 어떻게 풀 것인가에 대해 답한 학생의 작문을 예를 들어보면,

People have different ways of escaping the stress and difficulties of modern life. Some read; some exercise; others work in their gardens. What do you think are the best ways of reducing stress? Use specific details and examples in your answer.

What do you think the stress is? Do you think it would be good for you or not? Usually, the stress gives you bad feeling and mood. Everyone gets any kinds of stress from many various situations. Even though they know the stress will make their feeling depressed and make something awkward that used to be fine the other days, some people do not try to reduce their stress. It might cause more serious problems, such as, insomnia, autism, emotional disorder, and so on.

When the people have any stress, they have to try to reduce the stress for themselves and the other people. Why should I say to do that for the other people? Usually, the person who has heavy stress does acting roughly to the other people. That is why I mentioned it. We can use many kinds of method to lessen the stress. I am going to mention two things that I think it will be the best way to diminish the stress. The first one is to listen to music loudly which you liked before and try to be absorbed yourself in the music. After that, believe me. You would feel much much better. Everything that was terrible is going to be all right. If you follow this process, you will feel calmer and more comfortable. This is one of the greatest methods that I have used often in my life. The second one is that just go out and exercise whatever you want to. Personally, I prefer to go to the gym to do weight lifting rather than the other places. In the gym, I always breath very deeply for three times. It helped me feel better definitely. Then I work out very hard until I feel very exhausted because if I were exhausted, I could not do anything except breathing. That means I was able to forget about the thing that makes me stressful and terrible. After I finish my work, I just take a shower in the gym with cold water. After that I feel refreshed. Both of these that I mentioned above are incredibly great ways that I often used to overcome the stress.

Stress should be cared by people. We do not need to be under the stress. Of course, sometimes the stress might give the people some energies and vigor, but we must think that it could make horrible things to us.

제4강. 한 단락 안에 적어도 하나의 주제문(Topic sentence)을 빠트리지 마라

하나의 단락이나 에세이에서는 각각의 paragraph 안에 적어도 하나의 주제문이 있어야 한다. 좋은 주제문을 만들려면 다음 두

가지 사항을 유의할 것.

a) 한 paragraph내에서 다루기에 충분한 주제인가?
b) 특정한 주제이긴 하나 하나의 paragraph로 발전시키기에 충분한가?

4.1. 일반적인 주제 vs 특수한 주제:

4.2. 주제의 범위를 좁히기: 아래에 주어진 일반적인 주제를 축소해서 하나의 paragraph로 만들기 좋은 주제로 만들어 보자. 두 단계로 나누어서 단계별로 범위를 축소 시켜보자.

4.2.1. work	teaching	teaching student teachers
4.2.2. friend	______	______
4.2.3. school	______	______
4.2.4. family	______	______
4.2.5. shopping	______	______
4.2.6. marriage	______	______
4.2.7. food	______	______
4.2.8. career	______	______
4.2.9. leisure	______	______
4.2.10. sports	______	______

4.3. 다음의 괄호 안에 있는 어구들은 한국 학생들이 미국에 어학연수를 갔을 때 영어 말하기가 잘되지 않는 이유를 나열하였다. 그 원인들을 비슷한 것끼리 다시 모아서 분류를 해보자.

4.4. 제목 정하기: 다음 글을 읽고 주어진 문장에 가장 적절한 제목을 정해보자.

4.4.1.

Beavers, North America's largest rodents, appear to lead such exemplary lives that a trapper once rather romantically observed that "beavers follow close to the line of the Ten Commandments." The Ten Commandments do not mention anything about building dams, lodges, and canals, however, and the beaver's penchant for doing so has got it into a lot of hot water lately. Fishing enthusiasts in the Midwest and New England are complaining about beaver dams that spoil streams for trout and, in the Southeast, lumber companies object whenever the animals flood out valuable stands of commercial timber. But some beaver experts champion a more charitable view. Historically, they say, this creature's impact on the environment has been tremendously significant, and its potential as a practical conservation resource is receiving more and more attention.

When it comes to modifying the landscape in a major way, the beaver ranks second only to humans among all living creatures. "Some people think of the beaver the same way they think of the gypsy moth," said one scientist. "They think it just comes through and eats and destroys. What they don't understand is the fact that for centuries this animal has controlled the character of the forests and streams that it occupies."

*(A) The controversy over Beavers and the Environment
(B) New England's Beaver Population
(C) The Influence of Beavers on the Fishing Industry
(D) Beavers and the Ten Commandments

4.4.2.

When the persuading and the planning for the Western railroads had finally been completed, the really challenging task remained: the dangerous, sweaty, backbreaking, brawling business of actually building the lines. The men who took it on comprised the most cosmopolitan work crew in American history. They included Civil War veterans and freed slaves, Irish and German immigrants, Mormons and atheists, Shoshonis, Paiutes, Washos, and Chinese.

At the peak of their labors, the work crews laid two to five miles of track a day. The men filled ravines, ran spidery trestles across rivers and valleys, and punched holes through mountains. And they did all these jobs largely by their own muscle power.

Flatcars carried rails to within half a mile of the railhead; there the iron was loaded onto carts. An eyewitness described the procedure: "A light car, drawn by a single horse, gallops up to the front with its load of rails. Two men seize the end of a rail and start forward, the rest of the gang taking hold by twos until it is clear of the car. They come forward at a run. At the word of command, the rail is dropped in its place, right side up. Less than thirty seconds to a rail for each gang, and so four rails go down to the minute."

(A) An Eyewitness Report
*(B) Difficult task
(C) The Hiring of a Construction Crew
(D) The Railroad and the Civil War

4.4.3.

Rocks that glaciers plucked from the hills and mountains were often carried long distances, some for hundreds of miles. When the ice sheets melted, these boulders were left all over in the ground. on the ground, on the sides of hills, on the tops of hills. A familiar sight in a glaciated countryside is a field or hillside strewn with a number of these angular and partly rounded boulders, big ones and little ones. When the boulders are made of rock that is different from the bedrock on which they or the soil of the field rests, they are called erratics. The word "erratic" means "wandering." Erratics were the rocks that first puzzled and interested people and started the search for a force great enough to carry such large rocks and drop them over the land. The rocks seemed to have wandered. We now know that they had been moved by glaciers to their present sites. Erratics are found inside hills as well as on hills and fields.

It has occasionally been possible to trace back and find the place where the erratic was picked up by the glacier. If the "parent" rock is located, the erratic is called an indicator, for it indicates where a glacier broke off a piece of rock, the direction in which it traveled, and where the glacier melted. We can draw a line on a map connecting the place where the boulder was plucked off the parent rock to the spot where it is now. Then we have the glacier's path shown on a map, traced by the indicator.

(A) Why the Great Glaciers Melted?

*(B) Erratics: Tracing the Paths of Glaciers

(C) How to Remove Rocks from Hills and Fields

(D) Map Reading: A Crucial skill for Geologists

4.4.4.

A hormone labeled cholecystokinin (CCK), produced by the mucosa of the upper intestine, tells you when you have had enough to cat and should promptly put down your spoon.

A physician at the Bronx Veterans Administration Hospital, Dr. Rosalyn S. Yalow, won a Nobel Prize for her work with this hormone. Dr. Yalow, along with Dr. Eugene Straus, discovered that genetically obese mice have abnormally low levels of CCK in their brains and speculated that people would probably show a similar imbalance. Other scientists at the University of California in San Francisco found that the number of chemical receptors that allow CCK to enter the brain cells, turning the eating signal from green to red, significantly increased with a small amount of food in the stomach and decreased with a large amount. This meant that because insufficient CCK is present when too much food is consumed by fat individuals, the proper message is not transmitted.

If the theory holds true for people, an already overweight person may continually receive the wrong signals, never feeling satisfied by perfectly adequate meals.

(A) Obesity Among Physicians
(B) Dr. Yalow, A Nobel Prize Winner
(C) CCK and World Hunger
*(D) CCK-A Possible Key to Weight Gain

4.4.5.

Careful, patient labor went into the making of a Native American ceremonial pipe, and a good one might be worth the price of a horse or several buffalo robes. Pipe bowls were shaped from soft stone of varying colors, with red considered the most beautiful. (The red stone was later called catlinite after the painter George Catlin, who visited the sacred site in Minnesota where it was quarried.)

The carving of pipe bowls was usually done by specialists. Using metal tools introduced by the Europeans, these skilled crafts people could fashion the stone into bold images such as a horse in full gallop, or they could execute fine details of bas-relief like the wavy pattern of buffalo fur. After they had carved a bowl, they would smooth and polish its surfaces by rubbing them with an abrasive variety of water grass.

The pipestems were made of gray ash, willow, or cottonwood. All of these woods have soft, pithy centers that the pipe maker either hollowed out after having split the stem in half or burned out by using a hardwood stick or, later, a piece of heated wire. Although some of the tobacco smoked by the Native Americans grew wild, various tribes cultivated it in order to have a predictable supply available and to be able to trade it to other tribes. Both the planting of seeds and the harvesting of tobacco leaves were occasions for ritualistic prayers and dances.

*(A) How Ceremonial Pipes were carved
(B) Native American Artwork in Minnesota
(C) The role of Tobacco and Pipes in Rituals
(D) How Trade Influenced Native American culture

4.5. 다음 각각의 주어진 paragraph의 주제를 요약해서 말해보자.

4.5.1.

The energy content of food is measured in calories. The calorie is defined as the heat energy needed to raise the temperature of 1 kilogram of water from 14.5'C to 15.5'C. The calorie used in nutrition is sometimes spelled with a capital "C" to distinguish it from the c much smaller energy calorie used in physics and chemistry, but it is more properly called the kilogram-calorie, or kilocalorie, because it is precisely 1,000 times the smaller unit, or gram-calorie. The energy content of food is stored in the chemical bonds that link its atoms and molecules.

4.5.2.

In the late sixteenth century the glass lathe was introduced, making it possible to grind several lenses at once and also to produce-as objects of curiosity- powerful, thick concave lenses.

Thin concave lenses had been used for more than a century, but thick concave lenses were now sold to people caught up with painting or visual illusions of perspective, who used them as "perspective glasses." Once the new lens became available, it suddenly became possible to see a rather interesting effect by combining two lenses. We now know that there are many different things that can be done with a pair of lenses. Both the Keplerian telescope and the microscope use combinations of perfectly focused convex lenses. The Galilean type of telescope began with the idea that as soon as you hold a powerful concave lens to the eye and a simple weak convex lens at arm's length, the clock in the church tower jumps out at you. Many artisans from around the world enjoyed that illusion in the early 1600's, but it was two lens grinders from Middelburg in the Low Countries who first decided to market the telescope as a military invention, a device for spying on enemy armies. In fact, the telescope's narrow field of vision made it an unlikely spying device-but the two lens grinders thought they could sell it anyway. When the telescope was used militarily centuries later, it was used, not for spying, but for signaling.

4.5.3.

Three years of research at an abandoned coal mine in Argonne, Illinois, have resulted in findings that scientists believe can help reclaim thousands of mine disposal sites that scar the coal-rich regions of the United States. In a pilot reclamation project, they tested the growth possibilities of eight species of plants in the old mine's huge pile of acidic and toxic wastes. The researchers applied ground limestone, put a thin layer of topsoil on it, and sowed the plant seeds on the refuse, consisting of waste coal, rock, clay, and mining debris. Initially, the plots were dominated by invading annual weeds, but in the second and third growing seasons desirable grasses and other plants became well-established. The scientists' findings are believed to be the first step toward restoring some 22,500 acres of coal refuse sites in Illinois and thousands of acres in other states.

4.5.4.

The world stands at the centenary of the automotive age. For nearly 90 years after the invention of a workable automobile in the mid 1880's, automotive development proceeded steadily. Use and ownership climbed ever higher, mass automobility spread to more and more nations, and new operating capabilities were continually perfected. Although new-vehicle sales and production dropped dramatically at times in response to broader economic and political conditions, they invariably rebounded and surged upward once more. During the extraordinary worldwide economic boom in the three decades after the Second World War, the production of new vehicles and the total number of vehicles in use climbed year after year at a dizzying rate. By 1980 the world's motor-vehicle fleet had grown to 320 million passenger cars and 82 million trucks and buses.

In short, for nearly a century the automobile's future always seemed brighter than its past. Since the early 1970's, however, the predominant view has changed dramatically, Problems have piled one on top of the other, and many questions have been raised about the long-term prospects for the automobile and its industry.

The initial shift in expectations came with the dawning realization of what mass automobility on a world scale might mean for the Earth's resource base and atmosphere. In the period between 1950 and 1980 the global motor-vehicle fleet grew by 472 percent. In 1980 the amount of personal travel by automobile worked out to 2,200 kilometers for every person on the planet, yet this was less than one-third the level of use in the most developed economies, where levels of use were still rising.

During these 30 years, world gasoline consumption for motor-vehicle use grew from 1.29 to 5.32 billion barrels per annum. Total vehicular emissions nearly kept pace with growing energy consumption. More alarming, the general shape of the production. use, energy-consumption, and emissions curves was exponential. The absorptive capacity of the atmosphere, by contrast, was stable or even declining, and the world's petroleum supplies, along with the reserves of many other raw materials, were finite and declining.

4.5.5.

Between about 1910 and 1930, new artistic movements in European art were making themselves felt in the United States, American artists became acquainted with the new art on their trips to Paris and at the exhibitions in the famous New York gallery---291 (named after its address on Fifth Avenue) of the photographer Alfred Stieglitz. But most important in the spread of the modern movements in the United States was the sensational Armory Show of 1913 held in New York, in which the works of many of the leading European artists were seen along with the works of a number of progressive American painters. Several of the American modernists who were influenced by the Armory Show found the urban landscape, especially New York, an appealing subject. Compared with the works of the realist painters, the works of American modernists were much further removed from the actual appearance of the city; they were more interested in the "feel" of the city, more concerned with the meaning behind appearance. However, both the painters of the "Ash Can School" and the later realists were still tied to nineteenth-century or earlier styles, while the early modernists shared in the international breakthroughs of the art of the twentieth century.

The greatest of these breakthroughs was Cubism, developed most fully in France between 1907 and 1914, which brought about a major revolution in Western painting. It overturned the rational tradition that had been built upon since the Renaissance. In Cubism, natural forms were broken down analytically into geometric shapes. No longer was a clear differentiation made between the figure and the background of the painting: the objects represented and the surface on which they were painted became one. The Cubists abandoned the conventional single vantage point of the viewer, and objects depicted from multiple viewpoints were shown at the same time.